2030 세대
역사학도
청년이 염원하는

남북관계와 한반도의 미래

박준규 지음

2030 Generation · Inter-Korean Relations
History · Present and Future

박영사

들어가며

삶에 있어 매 순간이 저마다 꽃다운 요소들을 지니고 있지만, 특히나 '청년'이라는 호칭 속에는 가장 '꽃다운 순간 중 한순간'이라는 의미를 지니고 있다고 한다. 청년이라는 단어를 들으면 언제나 어른들께서 흐뭇하게 웃으시며 "좋을 때다."라는 말씀을 하셨다. 그 말을 듣는 우리는 성장하면서 "뭐가 좋다는 거지?"라는 생각을 했다. 그리고 시간이 지나면서 우리도 앞서 삶을 살아오신 분들과 비슷한 말을 해왔다는 것을 알 수 있었다. 중학교 때는 초등학교 때가 좋았다. 고등학교 때는 중학교 때가 좋았다. 대학생 때는 취업과 진로를 걱정하며, 학생 때가 좋았다는 생각이 들 때가 있었다. 학부를 졸업하고 사회인이 되어 돌아보니 대학생 시절만큼 좋았던 적이 없다. 그러던 얼마 전 SNS에서 이런 글을 우연히 보게 되었다.

"그때가 좋았다."라는 말을 우리는
매 시기마다 한 번씩은 하게 되는 것 같습니다.
그 말들을 돌아보면 결국 우리는
좋지 않았던 적이 없었던 것 같습니다."

SNS에서 위의 글을 읽고 나도 모르게 고개를 끄덕이고 있었다. 이처럼 우리의 삶은 울고 웃고 슬프고 행복한 순간들로 점철되어 있고 그 속에서 우리는 각자 나름의 삶의 의미를 찾게 되는 것 같다. 사람들은 오늘을 살아가고, 살아가는 하루하루들이 모여 일생을 이루어낸다. 인류의 역사는 그렇게 흘러왔다. 살아가는 사람들은 '생각'한다. 그 생각들은 개개인의 몸짓, 즉 언행을 만들어낸다. 그리고 그 개개인의 작은 몸짓 하나하나가 모여 사회가 형성되었고 그 몸짓들은 우리 몸속의 세포들처럼 지속해서 작용해나갔다. 이러한 작용들이 모여 인류의 역사가 쓰였고, 그 역사는 '지금'을 살아가는 우리를 만들어냈다.

역사라고 불리는 사학을 전공하면서 배웠던 많은 사람들의 삶에 관한 이야기들은 늘 나 스스로에게 질문하게 했다. 나는 누구이며, 어떠한 모습과 생각을 하고 이 세상 속에서 어떠한 삶을 살아가고 있는지 생각하게 되었다. 그리고 사람들은 현재까지의 나를 늘 이렇게 불렀다.

'청년'

그리고 어느 순간 '청년'이라는 이 익숙한 단어에 어떠한 의미가 내재되어 있는지를 고민하기 시작했다. 사람들은 어떠한 모습과 면모를 보고 나와 내 동료들을 '청년'이라고 부르는지 돌아보고자 했다.

'청년'이라는 단어로부터 나오는 키워드는 다양했다. 나이, 역동성, 체력, 힘, 젊음, 꽃다움, 국가의 미래, 사회의 미래, 사회의 엔진 등등 많은 것들을 내포하고 있었다. 사람들은 단순히 나이의 개념을 넘어서서 역동적이고 활발하며 삶에 있어 가장 열정적으로 무엇인가를 해나가는 사람을 '청년'이라고 칭했다. 물론 사회에서 칭하는 청년기에 속하시지 않은 분들 역시 청년들이 품고 있는 긍정적인 요소들을 모두 갖추고 계신다. 하지만 발현되는 역량이 가장 도드라지며, 수많은 가능성을 가장 많이 내포하고 있는 시기를 사회는 '청년기'라고 부르고 있었다.

근래에 대한민국 사회에서 '청년'이라는 단어가 사회적 키워드로 급부상하기 시작했다. 2030 세대, MZ 세대 등 청년들이 사회적으로 중요한 작용을 하기 시작하면서 그 특징들과 역할들에 맞춰 청년들을 칭하는 단어들이 다양하게 등장하기 시작했다. 앞서 논했던 청년이라는 단어가 내포하고 있는 성질에, 청년들의 사회적 특징과 역할이 더해져 새로운 키워드들이 생겨났다. 이는 곧 청년들이 사회에 직간접적으로 큰 영향력을 행사하기 시작했다는 것을 의미한다. 과연 청년들이 사회에 어떠한 영향력을 어떻게 미치기 시작했을까? 먼저 본 질문에 대한 답변을 찾아 나가기 전에 명시하고자 하는 것이 있다. 청년 세대를 논하다 보면 사회적으로 현재 세대 갈등이 문제가 되면서 청년 세대와 대립하고 있는 세대로 '기성세대'라는 표현이 많이 보인다. 기성세대의 정의를 인터넷 플랫폼 어학사전에서 찾아보면 '현재 사회를 이끌어 가는 나이가 든 세대'라고 표기되어 있다. 뒤에서 다시 한번 명시하겠지만 이 책을 써 내려가는 가장 큰 목표 중 하나는 세대 갈등을 조금이나마 풀어보기 위한 독자들을 향한 설득이다. 여기서 독자들은 특정 세대를 집어 말하는 것이 아닌, 모든 사회구성원들을 이야기하는 것이다. 사회가 필요에 의해 분리해 놓은 각 '세대'들의 삶을, 역사적 맥락에서 돌아보고자 한다. 그리고 각 세대들이 왜 특정 안건에 대해서 각각의 목소리를 낼 수밖에 없는지에 대해 이해해보는 자리를 가져보고자 한다. 또한 그 이해를 통해 현존하는 세대 갈등의 골을 회복시키는 것이 가장 큰 목표 중 하나이다. 고로 이 시점부터, 세대 간의 대립적 이미지를 내포한 나이를 개념으로 지니고 있는 '기성세대'라는 단어를 글 내부에 쓰지 않을 것임을 명시하는 바이다. 사회구성원들이 세대 갈등을 가장 처음이자 가장 많이 느끼는 곳이 가정이라는 구조적인 측면을 고려할 때 조금 더 유화된 표현이자 세대 갈등의 부정적 감정의 틀에서 벗어날 수 있도록 하기 위한 첫걸음이라고 믿는 용어 교정을 해보고자 한다. 나는 본 책에서 기성세대를 대신하여, '부모님 세대'라는 단어를 사용하고자 한다. 고조부, 증조부, 조부, 부모님들은 약 150년 내에 한반도를 고향이자 터전으로 살아오신 분들이다. 이분들이 살아오신 삶을 돌아보고 또한 우리 세대가 어떠한 성장 과정을 경험했는지를 돌아본 뒤, 단순한 감정 갈등에서 벗어나 서로에게 공감하고 이해할 수 있는 장을 형성해 보고자 한다. 배려와 화합을 통해 갈등을 해결해 나가는 작은 출발점을 함께 형성하는 것이, 본 책을 저술하는 가장 큰 목표 중 하나이며 감히 과감하게 도전해 보고자 한다.

청년들은 일반적으로 10대, 20대를 의미했었다. 근래에 들어 2030 세대, MZ 세대라는 단어와 함께 30대 역시 청년으로 칭해지기 시작했다. 이는 사회적 위치의 변동, 즉 사회생활을 시작하는 나이가 기존의 사회형태보다 늦춰졌으며, 이에 혼인, 육아 또한 늦어진 영향도 있을 것이다. 또한 구체적인 의학적 검토가 필요하겠지만, 평균 수명의 연장과 건강 수명의 수치 역시 상승함에 따라 '젊음'의 척도에도 변화가 있었을 것이라고 생각한다. 그렇게 10대 그리고 20대와 30대들은 사회의 중요한 분류 집단 중 하나로 거듭나기 시작했다. 이들은 정치, 경제, 사회, 문화 그 외의 모든 사회 구성 요소들 속에서 동시다발적으로 큰 영향력을 형성해 내고 있다고 평가받기 시작했다. 축구선수 손흥민, BTS 방탄소년단 등 글로벌 스타들의 활약 속에서 보여지는 역동적인 이미지를 중심으로 국제사회 속 대한민국 청년들의 영향력이 함께 탄력을 받아 증가하기 시작했다. 또한 성장 과정 속에서 터득한 급속도로 진행되는 사회변화에 빠르게 적응해 나가는 능력을 기반으로, 정신없이 진행되는 기술 발전에 따른 사회 변화 속에서 자신들의 영향력을 의도와는 무관하게 키워나갔고 그 결과들이 이제 사회 곳곳에 나타나기 시작했다. 스마트폰의 등장과 SNS의 확산 그리고 은행 업무와 같은 수많은 사회 필수 구성 요소들의 디지털화는 거시적으로나 미시적으로나 청년 세대의 영향력 증가에 가장 큰 요소 중 하나로 작용했다. 급변화해 가는 사회 속에서 부모님 세대들은 청년 세대에게 의지하기 시작하셨으며, 그렇게 청년들은 사회 속 자신들의 역할을 찾아가기 시작했다.

사실 이전까지 청년들에 대한 사회적 시선은 긍정적인 이미지보다는 부정적인 이미지가 강했던 측면도 있다. 청년층의 투표율, 청년층의 통일인식, 청년층의 실업률 등과 같은 이슈들이 사회적 안건으로 논의되었다. 그리고 청년들의 현실과 현실 극복 능력에 있어 그 의지와 노력에 대해 그 외의 사회구성원들에게 부정적인 시선과 평가를 받아왔다. 현재 존재하는 세대 갈등의 시작은 여기서부터 비롯되었다. 청년들의 실업 문제 등과 같은 현실과 관련되어 있는 안건들은 이미 많은 분들께서 체감하고 말씀하고 계시지만, 사회적 안건으로 떠오른지 그 시간이 생각보다 오래되었다. 대선후보들의 공약에 '청년 실업 문제 해결'이라는 항목이 자리 잡았던 역사를 돌아보면 청년 실업 문제가 장기간동안 대한민국의 고질적인 돌파 관문으로 자리잡고 있었다는 것을 알 수 있다. 그렇게 청년들은 현실에 치어 사회적으로 목소리를 낼 의지조차 잃어갔다. 이 시점에서 '세대 갈등'이라고 불리는 부모님 세대들과의 갈등의 씨앗이 자라기 시작했다.

청년들의 실업률은 뉴스 토픽에 자주 등장하는 단골 이슈가 되었고, 선거 때마다 청년 투표율이 저조하다는 사실 역시 지속되는 현상으로 사회에 인식되었다. 이러한 힘든 현실 속에서 코로나와 같은 많은 사회 내의 악재들이 매 시기 겹쳐 왔으며, 이는 청년들을 더욱더 고통스럽게 만들었다. 고단한 현실은 청년들과 부모님 세대 간의 여러 사회 이슈들에 대한 의견 차이를 더욱더 심화시켰다. 그중 통일인식이 가장 자주 등장하는 안건 중 하나가 되었다. 부모님 세대에게 통일은 가장 큰 소망이자 꼭 이룩해야 하는 숙명이었다. 분단과 전쟁을 경험하시고 그 경험 속에서 가족, 삶 그 외의 너무 많은 것들을 잃으셔야 했다. 원래 하나였던 나라가 둘로 갈라져 이념이라는 소용돌이 속에서 형제들에게 서로 총을 겨누고 방아쇠를 당겨야 했다. 가족들과 생이별해야 했고 이별한 가족들이 시신이 되어 돌아왔으며, 또는 생사조차 모른 채 여전히 살아가고 계신다. 이러한 역사적 경험을 안고 살아오신 부모님 세대분들께서는 통일이 곧 가족과의 재회이며, 잃어버린 것, 상처받은 것에 대한 '치유'인 것이다. 그렇게 부모님 세대들의 통일에 대한 염원은 단순히 막연한 소망이 아닌 개개인의 경험과 상처에서 나오는 치유에 대한 소망이자, 후대에게 이 악순환의 고리를 물려주고 싶지 않은 바람이다. 하지만 청년 세대의 성장과정을 돌아본다면, 청년들이 바라보는 남북관계는 부모님 세대와는 사뭇 다를 수 있다는 것을 깨닫게 된다. 1990년대 생들의 기억 속에는 연평해전, 천안함 폭침, 연평도 포격, 목함 지뢰 사건, 핵실험, 무력도발과 남북정상회담의 장면들이 공존하고 있다. 그리고 소위 남남갈등이라고 불리는 대한민국 내부에서 존재하는 이념 갈등과 그 갈등에서 파생되어 나오는 보기에 민망한 일부 극단적인 사회구성원분들의 언행들이 청년들에게 답답함과 노곤함을 느끼게 했다. 정리하자면 청년들은 북녘에 있는 한반도민분들과 성장 과정에서 동질감 형성을 위한 접촉의 기회조차 없었기에 부모님 세대와는 전혀 다른 관점을 갖고 있을 수밖에 없다는 것이다. 거기에 현실적으로 너무도 힘든 상황이 청년들 앞에 놓여있다는 점까지 감안한다면, 청년들에게 통일은 생각하기조차 너무도 버거운 안건이다. 이처럼 청년 문제라는 거시적인 틀 속에서 시작된 이슈들이 그 틀을 넘어서 사회 내의 수많은 세부적인 안건들에 도미노와 같이 연쇄적으로 영향을 주기 시작했다. 이렇게 하나, 둘, 벌어지기 시작한 부모님 세대와의 의견 차이는 또 다른 사회적 현상이자 해결해 나가야 할 안건으로 떠오르기 시작했다.

앞서 언급한 바와 같이 사회 내에서는 청년 세대와 대립 중인 집단을 '기성세대'라고 칭한다. 사회에서 말하는 '기성세대' 속에는 거시적으로 봤을 때 두 개의 큰 역사적 맥락을 품은 연령층들이 속해있다. 분단과 전쟁을 경험하시고, 전쟁 이후 초토화된 국토 속에서 나라를 일으키기 위해 온 힘을 다해 평생을 바쳐 이례적인 경제 성장을 이룩해 내신 산업화 세대분들과 기약 없는 민주화를 위해 목숨 걸고 목놓아 외치셨던 민주화 세대분들이다. 즉 우리의 부모님 세대인 것이다. 역사적 맥락을 헤아려보면 앞 세대를 살아오신 분들은 의식주와 관련된 가장 기초적인 요소를 위협했던 역경들을 극복해내셨다. 전쟁 이후 국토가 초토화되었고 사회 구성 요소들 역시 '0'의 상태에서 다시 시작해야 했다. 그렇게 손에 잡히는 일이라면 무엇이든 살아남기 위해 해오셨다. 우리를 포함한 사회는 이분들을 산업화 세대라고 불렀다. 그다음은 민주화였다. 군부 독재 하에서 벗어나 민주주의를 확립시킴으로써 국민 국가를 이룩해 내기 위한 외침은 수많은 희생 속에서도 계속 이어졌다. 그렇게 현재의 대한민국이 부모님 세대분들께서 살아오셨을 때보다 의식주를 포함한 삶의 질적 수준이 월등하게 개선되었다는 것은 확고한 사실이다. 이러한 삶을 살아오신 부모님 세대분들께서 바라보시는 현재 청년들의 모습은 너무도 안타깝고 청년들의 현실에 대한 대응 방식이 이해가 되지 않으실 수 있다. 하지만 이미 전문가분들 및 사회 갈등에 대해서 연구하시는 분들께서 이곳저곳에서 많이 언급을 하신 바와 같이, 단순히 역경을 극복하려는 의지와 대응 자세만으로 청년들의 역경과 부모님 세대의 역경을 단순 비교할 수 없다. 막연하게 바라봤을 때 단순히 청년들의 의지와 역량 문제로 보일 수 있지만, 각 세대들이 살아온 시대 배경을 자세히 돌아본다면 그 당시의 상황과 여건들은 현재 청년들이 처해 있는 상황들과 너무도 다르고 변화한 것들이 너무도 많아 본 문제를 위해서는 단순 비교를 넘어서는 세부적인 분석이 필요하다. 먼저 현재 적용되고 있는 '비교'라는 맥락 자체가 이 문제를 해결해 나가는 데 있어, 얼마나 밑거름이 될 수 있는지를 모두가 함께 고찰해봤으면 한다. 청년들 또한 다 같은 청년으로 일반화할 수 없는 것이 현실이다. 사회는 수많은 변화의 세월을 거쳐 상상할 수 없을 정도로 구조적으로 세분화되었고, 청년들뿐만 아니라 그 속에서 삶을 꾸려나가야 하는 사회 구성원들 모두 각자가 처해 있는 상황들이 너무도 다르기 때문에 소모적인 감정적 갈등에서 벗어나 사회 대단위적인 연구와 고찰을 통해 문제를 해결해 나가야 한다.

개인적으로 수많은 사회 갈등 중, 세대 갈등은 가장 우선시 해결되어야 하는 안건이며, 현존하는 사회 안건들 중 가장 안타까운 이슈라고 생각했다. 현재에도 그 생각은 변함이 없다. 한국 사회는 늘 가족공동체를 사회 구성단위 중 가장 중요한 단위로 받아들여 왔다. 식민지배와 분단, 전쟁과 같이 뼈아픈 역사를 너무도 많이 경험했던 만큼 가족에 대한 소중함과 중요성은 국민들 스스로가 너무도 잘 알고 있다. 뼈아픈 역사적 경험들로 인해 혈족을 잃어 느끼게 되는 극도의 공포감과 말로 표현할 수 없을 정도의 고통을 직접적으로 겪어야 했던 부모님 세대에게 이별은 세대 전체가 함께 공유하는 집단 트라우마로 현재까지 남아있다. 고로 이러한 문제들을 모두가 힘을 합쳐 한마음, 한뜻으로 해결해 나갈 수 있을 것이라고 생각했다. 하지만 현재의 상황은 예상과는 거리가 너무도 멀어져 있으며, 이제 더 이상 멈추지 않으면 안 될 정도로 상처가 사회구성원들을 깊이 파고들고 있다.

사회문제에 대해서 동료들과 함께 모여 논의한 적이 있다. 현재 사회적 이슈가 되고 있는 정치, 젠더, 세대 등 존재하는 여러 갈등들이 어떠한 형태로 진행되고 있으며, 어디에서부터 그 뿌리를 찾아 나가야 하는지에 대해 함께 고찰했다. 여러 번의 논의와 토론 끝에 동료들과 찾을 수 있었던 공통적이 키워드는 바로 '가정'이었다. 현재 청년 세대가 사회의 현재와 미래, 자녀 세대들을 위해서라도 돌아보고 가야 할 가장 중요한 사회 구성 요소가 '가정'이라는 것을 모두가 공통적으로 생각하고 있었다. 한국 사회나 한반도의 역사를 보면 유교의 영향과 역사적 경험이 결합되어 가족공동체에 대한 중요성을 그 어느 지역사회나 국가보다 강조해온 측면이 있다. 하지만 더 이상 그 내부에 존재해왔던, 현재까지도 오작동하고 있는 부분들을 들춰내어 치료하지 않으면 공동체 사회 속에 존재하는 문제들에 대한 근본적인 해결이 힘들 것이라는 공통 의견이 모아졌다.

현대의 사회 구조 속에서 가장 작은 공동체 단위이자 개인이 성장 과정에서 가장 큰 영향을 받는 단위는 '가족'이다. 당연한 이야기이지만, 삶에 있어 대부분의 개인이 가장 시간을 많이 보내는 가족이라는 가장 소단위 공동체 속에서 우리는 자아 형성에 관여하는 거의 대부분의 것들을 보고 느끼고 체득하게 된다. 그리고 현재 존재하는 수많은 사회 갈등의 뿌리가 가정에서 시작되었다는 것을 이미 많은 분들께서 말씀해오셨다. 가장 예민한 사회 이슈로 논해지는 세대 갈등, 젠더 갈등 그 외의 이슈들을 보면, 대다수의 갈등 원인은 가정에서 발현되기 시작했다는 것을 알 수 있다.

한반도민들은 대한제국 말기부터 일제강점기, 독립과 분단, 전쟁, 산업화와 민주화를 거치면서 격동의 근·현대사를 버텨내야 했다. 한반도가 경험해야 했던 수많은 시대 배경 속에서 가정 내 갈등에 대한 논의는 늘 존재해왔다. 매 시기마다 존재했다고는 할 수 없지만 현재 세대 및 젠더 갈등이 사회가 해결해 나가야 할 가장 큰 안건으로 분석되고 있는 이 시점에서 그 문제들의 뿌리를 찾기 위해 우리는 당연히 과거를 돌아봐야 한다. 대표적인 예시로 '가부장적인 아버지'에 대한 논의는 늘 사회 키워드로 등장을 해왔었다. 그렇지만 가정 내 존재하는 다수의 문제들이 하나의 원인으로 결부될 수 없다는 것은 모두가 알고 있는 사실이다. 우리는 이 문제들을 해결하기 위해서 무엇에 집중해야 할까? 원인을 찾아내어 분석하는 것 역시 가장 중요한 과정이지만, 가장 기초적이며 핵심적인 키워드는 우리가 이 문제들을 해결해 나가는 그 과정 자체에 있다고 생각한다. 우리는 갈등을 올바르게 해결해 나가는 법을 본 문제들을 해결해 나가는 과정에서 정비하고 터득해 나가야 한다. 서로가 서로를 배려하고 존중하며, 문제 해결 및 긍정적인 목표를 위해 함께 나아가는 법을 우리는 과연 올바르게, 알맞은 방법을 통해 실천하고 있는지, 문제 해결 과정 그 자체를 돌아봐야 한다. 이 문제들을 해결하기 위해 많은 분들께서 노력과 분석을 진행 중이신 상황에서, 전문가도 아닌 내가 감히 이래서 이렇다고 확답을 내릴 수는 없지만,

부모님 세대를 위해서도 그리고 우리의 자녀 세대들을 위해서도 우리는 가장 작은 단위인 가정에서 서로가 서로를 공감하고 이해하기 위해 함께 모여 논의하고, 서로의 생각과 의견을 존중과 배려, 가족 간의 사랑 속에서 공유하며 갈등을 현명하게 해결해 나갈 수 있어야 한다. 하지만 현재 우리를 돌아보면 많은 사회구성원들이 이러한 부분에 있어 고통을 호소하고 있다. 애초에 대화와 소통을 시도조차 해볼 수 없으며, 힘과 권위를 앞세워 서로의 의견을 관철시키기에 급급하다고 느끼는 분들이 대다수이다. 이러한 현상은 단순히 가정 내에서의 문제만이 아니다. 이 부분에 있어 사회 내에서 사람들은 이제 사회 속 인간관계에 대한 환멸을 느끼는 상태에까지 도달했다.

'수신제가치국평천하'(몸과 마음을 닦아 수양하고 집안을 가지런하게 하며 나라를 다스리고 천하를 평한다.)의 뜻처럼 이미 조상 대대로 가정이 평온해야 그다음 단위의 사회 공동체들이 더 긍정적인 방향으로 나아갈 수 있다는 것을 우리는 알고 있었다. 그렇게 우리는 오래전부터 예의, 공경과 배려, 존중을 몸과 마음속에 품고 살아왔고 힘든 상황 속에서도 서로를 감싸 안고 품어주고 공감하며, 고난과 역경을 돌파해 왔다. 나는 현재의 난관 역시 한반도의 사회구성원들 모두가 함께 힘을 합쳐 보기 좋게 돌파해 내리라 믿어 의심치 않는다. 고로 이제 감히 그 힘을 모으기 위한 출발점을 그려 넣기 위해 책을 써 내려가 보고자 한다.

한반도의 2030 세대와 남북관계, 한반도의 2030 세대와 한반도의 사회 안건들을 주제로 글을 쓰기 시작해, 처음 공식적으로 언론이라 불리는 플랫폼에 글을 기고한 곳은 2021년 7월 매일경제 칼럼란이었다. 그 뒤 현재까지 한반도의 MZ 세대 그리고 남북관계, 한반도의 MZ 세대와 한반도의 사회 안건들에 대해 글을 이곳저곳에 연재해 왔다. 매일경제에 처음 기고되었을 때부터 현재까지, 매번 글이 기고가 되는 것을 목격할 때마다 사실 아직도 이게 진짜인가 다시 확인을 해볼 정도로 믿기지 않는다. 그저 단 한 명의 사회 구성원이자, 한 명의 대한민국 청년으로서 동료 청년들과 함께 논의했던 것들을 글로 써 내려갔다. 언론은 사회 속에 존재하는 가장 큰 사회 소통 플랫폼이다. 그만큼 수많은 사람들이 글 기고 의뢰를 위해 원고를 보낸다고 들었다. 고로 사회 속 최대 플랫폼에 내 글을 싣기 위해서는 독자들에게 일정 수준 이상의 공감대를 형성해 낼 수 있어야 한다. 이를 위해서는 독자들에 대한 설득력을 갖추어야 한다. 그렇기에 기고에 대한 심사 절차는 더욱 까다로우며, 단순히 글의 질적인 부분뿐만 아니라 당시의 사회 기류와도 적합하게 맞아떨어져야 한다. 언론이라는 거대 플랫폼이 주목을 받는 가장 큰 이유 중 하나는 바로 사회에서 약속한 정보 소통의 창구라는 점에 있다. 물론 언론 속에서도 수많은 검증되지 않은 정보들이 활개하지만, 동일한 글이 SNS 계정에 업로드되는 것과 네이버의 뉴스 플랫폼에 기고가 되는 것에 대해 사람들이 느끼는 기본적인 글에 대한 신뢰성은 당연히 다를 수밖에 없다. 사람들은 언론 플랫폼에 기고가 되었다는 것 자체로 어느 정도 검증이 되었다고 생각하고 글을 읽어보거나 귀를 기울이고는 한다. 또한 그만큼 언론 플랫폼들이 보유하고 있는 구독자 숫자가 크기에 그 파급력은 클 수밖에 없다. 늘 내가 쓴 미흡하기 짝이 없는 글들이 기고가 될 때마다 놀라게 된다. 그만큼 파급력과 노출도가 높다는 것은 내가 짊어지고 가야 할 글에 대한 무게감 또한 증가한다는 것을 의미한다. 고로 더욱더 신중해지고 견고해지기 위해 심사숙고하고 글쓰기에 임하게 되었다. 고작 한 명의 청년이 청년들 전체를 대변할 수 없지만, 가능하다면 최대한 많은 사회구성원들에게, 청년들에 대한 사회 속 부정적인 통념들과는 다르게, 다수의 청년들이 통일 및 그 외의 다양한 사회 안건들에 대해 관심을 갖고, 그 난관들을 돌파해 나가려고 노력하고 있다는 것을 알리고 싶었다. 그리고 앞으로도 가능하다면 그 일을 동료 청년들과 함께 이어나가고자 한다. 더 나아가 가능할지는 그 결과가 판단하겠지만, 이전보다 한 걸음 더 나아가 사회 속에 존재하는 다양한 갈등 및 안건들에 대해, 사회구성원들 전체가 소통을 통해 함께 풀어나갈 수 있도록 그 밑거름이 될 수 있는 새로운 어젠다들을 형성해 내어 전달하고 싶다. 지금까지 해왔던 것처럼 구성원들 간의 심리적 간극을 좁힐 수 있는 새로운 어젠다들을 청년 동료들과 함께 모여 지속적으로 축적해 나가고 싶다. 또한 그 과정들을 통해 함께 공감해주며, 마음을 함께해주는 청년들과 사회구성원분들을 찾아 나가고 더욱더 많은 생각들을 함께 공유하여 사회 갈등 해결에 필요한 양질의 메시지를 보충해 내는 것이 최종 목표이다. 영화처럼 글이 쌓이면 쌓일수록 다양한 분야의 많은 분들께서 다양한 경로로 관심과 지원을 보내 주셨다. 격려와 함께 협력 작업과 다양한 유형의 지원을 제안해주시는 분들을 보며, 내가 그럴만한 자격이 있는지 걱정이 되면서도 희망과 자신감을 얻을 수 있었다. 그렇게 이루어진 다양한 분들과의 소통 속에서 출판사 분들께서도 긍정적인 의미를 담아 협력 제안을 해주셨고, 본질적인 문제 해결에 자그마한 기여라도 조금 더 해내기 위해 이렇게 책 집필을 결심하게 되었다.

본 책을 쓰기 시작하게 해준 것은 은사님의 가르침 속에서 개인적으로 머릿속에 깊게 뿌리박힌 질문이다. "우리는 과연 갈등을 현명하게 풀어나가고 있는가?, 혹은 갈등을 올바르게 풀어나가는 법은 우리는 알고 있는가?"였다. 이 질문을 기반으로 하여 한반도의 역사 속 현 청년 세대가 어느 시점에 서 있는지를 돌아볼 예정이다. 약 100년 전부터 현재까지 한반도에서 선대들은 어떠한 일들을 겪어야 했고 그 경험들이 과연 역사 속에만 남아있는지, 아직도 현재의 우리에게 영향을 주고 있는지 돌아보고자 한다. 그다음으로 우리는 현재 우리의 모습을 돌아볼 것이다. 현재 우리는 어떠한 생각을 하고, 어떠한 삶을 살며, 어떠한 미래를 꿈꾸고 있는지를 돌아볼 것이다. 과거의 선대들의 삶을 돌아보고 현재 우리의 모습을 분석한 뒤, 우리의 자녀 세대들은 어떠한 삶을 살아가고 있을지, 현재 우리의 모습을 토대로 그 모습을 그려보고자 한다. 이는 곧 과거를 돌아보고 현재를 마주하며, 이를 토대로 미래를 그려나가는 역사학의 가장 기초적인 과정이다. 단순히 분석을 통해 정확히 예측해 나가는 것이 목표가 아니다. 세상 속에 변수는 너무도 많기에 정확도를 판단해나가는 그 과정 자체로도 너무도 어렵다는 것을 이미 역사가 증명해주었다. 하지만 그 분석과 예측의 과정을 통해서 현재 우리가 겪고 있는 일들에 있어, 정말 중요한 요소이지만 우리가 놓쳤거나 그동안 간과하고 있었던 것들을 찾아낼 수 있다. 또한 단순히 찾아내는 것에서 끝이 아닌, 그 속에서 새로운 통찰력을 얻어내어 사회가 나아가는 방향성에 새로운 긍정적 이정표를 제시할 수 있다. 고로 이 논의와 과정들은 긍정적 사회변화를 위한 방법론을 제시하는 것에 앞서 필요한 가장 중요한 과정 중 하나이다. 사회구성원분들과 우리 모두의 긍정적인 의식 변화를 위한 작은 신호탄이 되어 주기를 간절히 기도하면서 감히 첫 문장을 적어 내려가 본다.

● 감사의 인사

　아직 어느 분야의 전문가도 아니며, 사회적 경험 역시 많다고
할 수 없는 한 명의 청년임에도 불구하고, 이 책을 쓰기까지 많은
것들을 가르쳐 주시고, 힘든 순간마다 지지를 보내 주시고, 함께 옆
에 있어주셨던 많은 분들께 진심 어린 감사의 말씀드리고 싶습니다.

　제 능력에 비해 너무도 과분한 목표이지만, 한 생을 살아가면
서 사회의 본질적인 발전을 위해 모래 한 알 만큼이라도 기여할 수
있는 삶을 살 수 있도록, 혹은 동일한 목표 아래 뛰시는 분들과 동
료들에게 조금이라도 보탬이 될 수 있도록 제 위치에서 최선을 다하
는 청년이 되겠습니다. 인류의 역사에 있어 가장 고달팠던 시대 중
하나로 기록될 이 순간을 함께 살아가는 동료 사회구성원분들에게
무겁지만 희망적인 메시지를 전하고자 글을 써 내려가 보려 합니다.
우리가 살아온 생애가 우리의 후손들에게 어떠한 시대로 기억될지
는 아무도 모릅니다. 다만 그 어느 시대와 다르지 않게 힘들고 고달
픈 순간들 속에서도 포기하지 않고 어려움을 극복해내기 위해 함
께 뛰었던 사람들이 있었다는 사실은, 우리가 선대를 기억하듯 후

대들 역시 잊지 않고 기억할 것입니다. 다시 한번, 굴곡진 역사 속에서 자식들에게 조금 더 나은 사회를 물려주시기 위해 피나는 노력을 하셨던 선대들과 현재 조금 더 나은 사회를 만들기 위해 함께 뛰고 있는 청년 동료들에게 진심 담아 감사하다는 말씀드리고 싶습니다. 감사합니다.

한반도청년미래포럼 창립자 / 안민정책포럼 청년회원

박준규 올림

차례

들어가며 • iii

2030 세대 역사학도 청년이 염원하는
남북관계와 한반도의 미래

아버지와 나 그리고 역사 • 3

'기록'의 기능과 가치 • 13

역사의 소용돌이 속 사람들의 삶 • 17

선대를 기억하며 현재를 돌아본다 • 25

현재의 한일관계와 청년들 • 31

청년 세대의 성장을 통해 본 현재와 미래 • 38

한반도의 역사 속 청년 세대의 위치 • 50

청년 세대가 바라보는 한반도와 남북관계의 미래 • 65

한반도의 청년들이 움직이기 시작했다 • 71

북한의 2030 세대 '장마당 세대'의 태동 • 89

북한 수뇌부의 체제 유지를 위한 인권탄압 실태 • 93

남북 청년들의 통일 준비: '동질감 형성'을 위한 국가의 역할 • 100

한반도의 미래를 기약하며 • 108

한 세기를 함께 살아가는 청년들에게 • 115

2030 세대와 한반도의 미래 언론 칼럼 기고문

한반도 전역에 2030 바람이 분다 • 121
2021. 7. 13. 매일경제 기고문

남북 청년 소통채널 구축하자 • 123
2021. 9. 7. 디지털 타임스 기고문

"통일 꼭 해야 돼?"에 대한 답변 • 127
2021. 9. 28. 디지털 타임스 기고문

'청년과 북한' 희망을 놓지 말자 • 131
2021. 10. 19. 디지털 타임스 기고문

북한 2030 '장마당 세대'서 희망을 본다 • 135
2021. 11. 16. 디지털 타임스 기고문

역사 속 대한민국은 어디에 있는가 • 140
2021. 12. 7. 디지털 타임스 기고문

2030은 대선후보들에게 무엇을 원하나 • 144
2022. 1. 5. 디지털 타임스 기고문

선대를 기억하며 현재를 돌아본다 • 148
2022. 1. 19. 디지털 타임스 기고문

청년들이 새 대통령에게 바라는 것 • 153
2022. 2. 13. 디지털 타임스 기고문

우크라 교훈, 평화는 구호로 못 만든다 • 158
2022. 3. 14. 디지털 타임스 기고문

2030 세대 역사학도 청년이
염원하는
남북관계와
한반도의 미래

아버지와 나 그리고 역사

　나는 역사학이라고 불리는 사학을 전공했다. 많은 분들께서 어떻게 사학을 전공하게 되었는지 그 연유를 자주 물어보신다. 나는 정확히 기억난다. 집 책꽂이에 있던 안중근 의사와 신라 장군 김유신에 대한 책을 꺼내 보던 나에게 아버지께서 말씀하셨다.

> "한국이 인문학을 필요로 하는 시점이 올 것이다.
> 고로 나는 너가 인문학,
> 그중에서도 역사학을 전공했으면 좋겠다.
> 내 노후의 꿈은 너와 함께 답사를 다니는 것이다."

　아버지께 안중근 의사와 김유신 장군에 대해 질문을 했었고, 아버지께서 질문에 대한 답변과 함께 해주셨던 말씀이다. 그 뒤 줄곧 시간이 흘러도 이 이야기를 자주 해주시고는 하셨다. 너무도 어렸기에 아버지께서 이러한 이야기를 하실 때마다 고개를 끄덕이며, "아버지의 생각은 그러하시구나."라는 생각을 했던 것 같다.

아버지께서는 역사·철학과 같은 인문학을 공부하시기를 원하셨었지만, 현실적인 이유로 인해 치의학을 전공하셔야 했다고 말씀하셨다. 책장을 보면 치의학 서적들과 함께 늘 역사·철학·종교 서적들이 책장에 가득 꽂혀있었다. 그렇게 아버지는 내가 어렸을 때부터 인간에 대한 이야기와 철학적인 이야기에 대해 대화하는 것을 좋아하셨다. 아버지와 나눈 대화의 마지막은 줄곧 그 이야기의 맥락이 유사했다. 아버지께서는 늘 일본의 역사 소설 대망의 한 구절에 대해 말씀하셨다.

"인생은 무거운 짐을 지고
먼 길을 가는 것과 같다."

힘든 일이 있거나 고민되는 일이 있을 때면 이 구절을 기억하라고 말씀하셨다. 살다 보면 많은 일들을 겪게 될 것이고, 그 생 또한 짧으면서도 길게 느껴질 것이니 눈앞의 이익에 타협하지 말고 항상 본질을 기억하고 중심을 잃지 말라는 말씀을 덧붙이셨다. 세상에는 영화나 드라마보다 더 기상천외한 일들이 일어나며, 그 사이에서 중심을 지키는 일은 쉽지 않은 일이기에 배움에 자세를 항상 유지하면서 독서와 경험을 통해 최대한 많은 것들을 보고 듣고 느끼라고 말씀하셨다. 세상에는 당연하다고 생각했던 것들이 지켜지지 않거나 보이지 않을 때가 자주 있는데, 모두가 그 기류에 휩쓸려 갈 때 묵묵히 자리를 지킬 수 있도록 내공을 쌓고 견고해져야 한다고 귀에 딱지가 앉도록 말씀하셨다. 이 이야기와 동시에 아버지께 가장 많이 들었던 말이 있다.

"돈과 명예를 절대로 목표로 삼지 말 것이며,
돈과 명예를 항상 멀리하고, 베풀어야 한다."

앞서 이야기했던 기류에 휩쓸리지 말라는 말씀과 동일선상에
있는 말씀이었다. 기류에 휩쓸려 눈앞에 이익을 위해 타협을 하지
말 것이며, 인생을 살면서 돈과 명예는 부수적인 요소이지 목적이
될 수 없다고 늘 강조하셨다. 한번 태어나 삶을 살아가면서, 어떻게
하면 본질적으로 의미 있는 삶을 살아갈 수 있을지를 고민해야 한
다고 하셨다. 빅뱅부터 동양철학, 서양철학, 역사, 종교와 관련된 서
적을 읽으시면서 각 분야에서 공통적으로 말하는 삶의 의미를 아버
지 나름대로 간추려서 나에게 말씀해 주신 것이었다. 돈과 명예는
네가 목표하는 바를 열심히 이루어나갔을 때 뒤따라 오는 부수적인
요소들이지, 절대로 돈과 명예를 탐하는 순간, 본질적인 요소들은
쉽게 변질된다는 것을 기억하라고 말씀하셨다. 그리고 무조건 베풀
라고 말씀하셨다. 절대 계산하지 말 것이며, 무조건 베풀라는 말씀
을 내 짧은 평생동안 꾸준히 말씀하셨다. 인간은 불완전하기 때문
에 계산을 하지 않고 베푸는 것이 쉽지 않는 일이지만 그만큼 끊임
없이 공부하고 생각을 정리해 나가다보면 가능할 것이라고 말씀하
시며, 남에게 베풀라고 말씀하셨다. 순수함에서 나오는 의사전달을
우리는 '진심'이라고 부른다. 진심 담아 사람들과 소통하고 베풀다보
면 이 정글같은 세상 속에서 너의 진심을 알아주시는 분들이 분명
히 있을 것이고 그럴수록 더욱 진심을 다해 베풀고 목표를 향해 뛰
라고 하셨다. 손해라고 생각할 수 있지만 결국 진심담아 베푸는 일
이 곧 나를 위한 길임을 깨우쳐야 한다고 하셨다. 아버지는 이렇게

늘 나에게는 선생님이시자, 파트너이셨다.

　　종종 아버지의 사진들을 앨범에서 뒤져보고는 한다. 해가 지나 나이가 차오르면서 내 나이 때 아버지는 어떤 생각을 하고 어떠한 삶을 살았을지가 궁금했었다. 그렇게 아버지의 앨범들을 펼쳐보며 아버지의 학창 시절부터 20대 대학생 시절 모습들을 찾을 수 있었다. 아버님들의 친우분들의 어린 시절 모습과 아버지의 소년 시절 모습을 보니 기분이 이상했다. 아버지의 모습은 사뭇 나와 다르면서도 많이 닮아 보였다. 그리고 아버지와 친우분들의 모습을 보면 나와 내 친구들의 모습이 언뜻 보였다. 당연한 이야기이지만 아버지, 어머니들도 우리처럼 젊으셨던, 꽃 같고 거침없던 시절이 있으셨다. 그 모습은 우리의 모습과 별반 다르지 않았다. 성인이 된 후에는 아버지와 만나면 서로 읽은 책이나 경험했던 일에 대해서 논하고는 한다. 그러던 어느 날 아버지가 DNA와 유전자에 관한 책을 읽으시고 해주셨던 이야기가 기억 속에 깊이 박혔다. 종의 번식에 관한 책이었다. 결론은 DNA와 유전자의 관점에서 봤을 때, 아버지께서 돌아가신다고 해서 아버지가 죽는다는 것이 아니라는 것이었다. 아버지의 DNA는 할아버지에게서 왔으며, 할아버지의 DNA는 선대에게서 내려왔다는 것이다. 즉 아버지와 어머니의 DNA와 유전자는 나와 누나들이 태어남으로써 죽지 않고 살아있게 된다는 것을 말씀하고자 하셨다. 고로 할아버지는 아버지로서 살아계시며, 아버지 역시 나로서 살아있다는 것이다. 그렇게 우리는 인류는 역사를 만들어왔다고 말씀하셨다.

아버지와 어린 시절부터 함께 나눴던 이런 이야기들이 내 사고 형성에 큰 영향을 준 것 같다. 사실 지금 생각해보면 이렇게 철학적이고 진지한 이야기를 그 어린 아들을 옆에 두고 말씀하셨다니 조금 놀라웠다. 하지만 아버지 역시 매 순간 진심이셨다. 지금 돌아보면 살아가면서 마주하는 수많은 선택의 순간에 있어 중심을 잃지 않고 조금 더 본질적으로 올바른 선택을 할 수 있는 초석을 마련해 주신 것 같아 정말 감사하다. 그러면서도 아버지께서 가르쳐주신 것에 비해 내가 아직 너무도 미흡하다는 것을 깨닫게 된다. 그렇게 아버지께서는 나에게 많은 것들을 물려주셨다.

역사학을 전공하면서 교수님들께서 가르쳐 주셨던 많은 것들이 있지만, 그중에서도 더욱 선명하게 기억에 남는 것들이 있다.

"역사는 실천이다. 책을 읽는 것에서 끝내지 마라.
너희들은 실천에 옮겨라."

졸업을 앞두고 가장 마지막 수업에서 이 말을 들었을 때 당시의 순간이 아직도 사진처럼 선명하게 기억에 남아있다. 사회적으로 역사라는 과목은 암기과목으로 알려져 있다. 주입식 교육을 기반으로 한 입시제도에서 파생되어 나타난 부정적인 현상이다. 역사학은 암기와는 전혀 거리가 멀다. 오히려 정반대의 학문이라고도 할 수 있을 것 같다. 역사는 과거를 돌아봄으로써 교훈과 깨달음을 얻고 이를 바탕으로 현재와 미래를 계획해 나가는 학문이다. 역사학의 내부에는 국가의 역사, 민중의 역사, 개인의 역사, 제도의 역사 등 인간

청년들은 본질적인 행복을 찾기 위해 노력하기 시작했다.

사회의 모든 것들이 포함되어 있다. 우리가 암기라고 생각하는 것들은 주로 국가의 역사 속에 존재하는 사건과 인물들을 말하는 것이다. 하지만 역사의 본질은 사고하는 법을 배우고 세상을 바라보는 법을 배우는 것이다. 당시를 살아가던 사람들에게 내 자신을 이입하여 그 당시의 시대 배경 속에서 사람들이 어떠한 감정을 느끼고 어떠한 생각을 하며 살아왔는지를 몸소 느끼고 깨닫는 것이 역사에 다가가는 가장 기본적인 과정이라고 배웠다. 큰 사건이나 시대 배경 속에서 삶을 꾸려야 했던 선대들이 느꼈던 감정들과 생각하셨던 것들을 몸소 느끼고 깨닫는 과정은 현재의 나와 현재를 함께 살아가는 사회구성원들의 모습을 알아가는 과정 중 하나이다. 선대들의 생각과 몸짓은 지금의 우리를 만들었고, 현재 우리가 하는 생각과 몸짓들이 후대들이 살아가게 될 사회 형성에 큰 영향을 줄 것이다. 이처럼 우리의 현재 모습을 알기 위해서는 과거를 돌아봐야 하며, 또한 과거를 통해 현재를 돌아보고 이를 토대로 미래를 계획해 나가는 것이 역사의 과정이다. 하지만 학습과 사고에서 그 과정이 멈춘다면, 말 그대로 변화하는 것은 없다. 우리가 보지 못했던 부분이나 간과해왔던 것들을 역사적 사고를 통해 새롭게 깨우친 통찰력을 이용해 찾아내어 직접 실천해나가야 역사를 공부하는 최종 목표가 이루어졌다고 할 수 있다. 그럼에도 불구하고 쉽지 않은 과정이기에 교수님께서 마지막 강의에서 더욱 당부하신 것 같다.

이러한 실천의 측면에서 아버지의 삶을 돌아보면, 아버지께서는 나에게 당부하셨던 것들을 평생 실천해오신 것 같다. 아버지께서는 늘 검소하셨다. 가끔은 왜 저렇게까지 하셔야 하는지 모르겠다는 생각이 들 정도였다. 아버지는 소위 명품이라고 불리는 것들을 극도로 거부하셨으며, 타고 다니시는 차 역시 늘 너무도 허름하셨다. 장학 사업이나 불우이웃돕기에 가족들 몰래 참여하시고는 했다. 아버지의 병원은 양천구의 자그마한 빌딩에 위치한 그야말로 자그마한 동네 의원이다. 그 위치에서 무려 40년을 묵묵히 해오셨다. 한번은 아버지가 진료하시는 소리를 들으면서 많은 생각을 했었다. 힘들게 목소리 내며 진료하시는 아버지의 모습이 어떻게 보면 안쓰

럽기도 했고, 아버지가 어느 순간 나이가 들어 보이셨다. 아버지의 눈과 허리와 팔목이 걱정되었다. 이런 생각이 들면 그만큼 나도 나이가 찼다는 신호라는데, 나는 내 자신을 보면 누구보다 정신적으로 어리다고 생각되기에 부끄러웠다. 한 자리에서 40년을 진료하시다 보면, 초등학생이었던 환자가 아기 어머니가 돼서 진료를 받으러 오시고, 중년이셨던 어른이 이제 백발 할아버지가 되어서 오신다고 한다. 그렇게 아버지는 나에게 묵묵히 진료만 하시는 동네 의사 선생님이셨다. 이러한 아버지의 모습에 늘 나는 어리숙한 철들지 않은 부끄러운 막내 아들이었다.

그럼에도 불구하고 아버지와 나눠온 대화의 진심이 통했던 것일까. 나는 늘 아버지의 말을 떠올리며 살아왔고 한참 부족하지만 아버지처럼 내 나름, 몸소 실천하기 위해 노력했다. 그리고 자연스럽게 '인간'을 공부하는 것과 그 인간들이 모여 삶을 꾸려나가는 '사회'에 대해 관심이 높아졌다. 사람들은 어떤 생각을 하고 살며, 어떤 순간에 어떠한 감정을 느꼈는지 자연스럽게 공부하게 되었다. 이러한 과정들이 축적되어서였을까. 영화처럼 아버지께서 말씀하셨던 사학과에 진학하게 되었다. 인간에 대한 궁금증 때문이었는지, 사학과 전공수업 중에서도 제2차 세계대전, 일제강점기, 냉전과 전쟁, 한국 현대사 등 인간 사회가 대혼란과 역경을 겪었던 시기에 더욱 관심이 갔다. 특히 국가의 제도와 외교 등 국가 중심적인 역사보다는 전쟁과 변화로 지구 전체가 격동하던 시기에 국가라는 틀 내부에서 삶을 살아온 사람들은 어떠한 생각들을 했고, 어떻게 삶을 꾸려왔는지에 관심을 두고 공부를 했다. 전쟁과 같은 생존과 직결되는 사건들 속에서 사람들이 본능만 남았을 때 어떠한 행동들을 보여 주는지 배울 수 있었다. 각자의 살아온 배경과 경험에 따라 천차만별의 사건들이 일어났다. 마음이 아팠다. 그리고 생각했다. 인간은 불완전하며, 너무도 나약한 존재라는 것을. 그리고 생각했다. 이렇게 뼈아픈 역사를 다시는 반복 경험하지 않도록 모두가 함께 힘을 합쳐야 한다는 것을.

심리학, 사회학, 역사 모두 사람에 대한 학문이다. 하지만 그 접근법 자체가 모두 다르다고 들었다. 역사학은 쉽게 말해 케이스 스터디였다. 수많은 케이스들을 접하고 공부하면서, 사람들이 어떠한 사고와 행동양식을 보이는지를 학습하는 학문이었다. 그리고 깨달을 수 있었다. 특정 행동에 대한 원인이나 결과가 모두 획일화될 수 없다는 것을. 더 설명하자면, 동일한 특정 사건을 경험한 사람들이 그 사건에 모두 동일한 방식으로 반응하지 않는다는 것이다. 각자가 살아온 환경과 배경에 그리고 경험에 따라 모두 천차만별의 행동양식을 보였다. 또한 특정 인물이 특정한 행동양식을 보였다고 해서 다른 사람들 역시 같은 반응과 행동을 보일 것이라고 단정 지을 수 없었다. 그만큼 인간이라는 생명체는 너무도 복잡하고, 그 복잡한 인간들이 구성해 놓은 사회는 더욱더 복잡했다. 즉 이 둘의 사이에서 일어나는 일들을 정확하게 예측하고 분석하는 일은 거의 불가능한 일이었다. 다만 어떠한 일들이 일어났었는지를 배우고 좋은 일은 어떻게 생겨났는지 그 루트를 공부하고 좋지 못한 일들은 다시는 반복해서 발생하는 일이 없도록 최대한 많은 분석을 통해 미연에 방지하는 것이 역사학의 역할이다. 즉 우리는 사회 속에서 누군가를 특정 유형으로 단정 짓거나, 일반화하여 규정할 수 없다는 것을 역사학을 통해 깨달을 수 있다.

　시대가 지나도 사람들의 본능은 크게 변하지 않았다. 다만 시대별로 어떠한 사회형태 속에서 어떠한 경험을 하고 살아왔는지에 따라, 똑같은 내적 요소들이 외부로 발현되는 방식에는 차이가 있었다. 즉 사회의 형태나 사회의 기류에 따라 사람들의 본능을 비롯한 내부 심리 요소들이 발현되는 방식이 다르게 나타났을 뿐, 그 속에 존재하는 본능과 같은 요소들은 시간이 지남에도 크게 변함이 없다는 것을 알 수 있었다. 이 말은, 즉 우리 역시 선대들과 내적으로 느끼는 방식이 많이 유사하다는 뜻이다. 이러한 전제를 바탕으로 일제강점기로 되돌아가 보고자 한다. 진고개에 진동하는 커피 냄새를 맡은 조선 여인의 심리와 처음 전차를 타고 출근을 한 노동자의 마음에 우리 스스로를 대입시켜 상상해 볼 것이다. 우리를 선대들에게 대입시켜 우리의 과거를 돌아보고 현재로 돌아와 우리의 모습을 바라보고자 한다.

'기록'의 기능과 가치

'기록'

주로 후일에 남길 목적으로 어떤 사실을 적음.
또는
그런 글.

    우리가 알고 있는 선사시대와 역사시대는 기록의 유무에 따라 시기를 나눠놓은 것이다. 즉 선사시대는 인류가 처음 지구에 등장했을 때부터 글자가 만들어져 기록을 남기기 전까지의 시기를 일컫는 말이다. 그리고 신기한 점은 인류의 역사 수백만 년 동안 95% 이상의 기간이 선사시대라는 것이다. 즉 인류는 생각보다 기록을 남기기 시작한 지, 종의 역사에 비해 오래되지 않았다. 그렇지만 현재 인류에게 기록은 너무도 중요한 요소가 되었다. 특히나 기록의 학문인 역사를 공부하면서 그 중요성을 더욱 깊이 깨닫게 되었다. 한반도의 근현대사를 공부하다 보면, 중요한 사건들 속에서 사람들이 어떻게 행동했고, 어떠한 생각을 했으며, 어떠한 감정을 느꼈는지를 볼 수 있다는 것은 너무도 벅차고 신비로운 일이었다. 결국 삶을 꾸려나간다는 것은 우리가 살아있음을 느끼고 본질적으로 행복하기 위함에 있다. 고로 사람들이 특정 유형의 사건 안에서 어떠한 삶을 꾸려나갔는지를 알 수 있도록 기록하는 것은 우리 후손들에게 물려줄 수 있는 가장 큰 유산 중 하나이다. 나는 개인적으로 사건으로서 접하는 역사보다 그 내부에서 사람들이 이떠한 감정을 느끼고 어떻게 행동했는지를 보는 것이 훨씬 더 와닿았다. 얼마 전 일제강점기 조선인들이 독립 투쟁을 그려놓은 드라마 '미스터 션샤인'을 다시 보게 되었다. 역사를 공부하고 기록에 대한 중요성에 대해 곱씹는 과정에서 드라마 내의 캐릭터 '김희성'(배우 변요한)이 눈에 들어왔다. 극 중에서 김희성은 집안에서 정해준 정혼자의 혼인이 싫어 일본으로 유학을 간후 10년 동안 돌아오지 않은 조선 최고 부잣집 아들이다. 조선에 돌아와서도 하는 것 없이 호텔과 술집에서 유흥을 즐기는 모습을 보인다. 이에 김희성 캐릭터가 독립운동가 김용환 선생님을 모티브로 형성한 것이 아닌가 하는 추측이 나왔었다. 김용환 선생님은 도박꾼으로 유명했다고 한다. 도박에 빠져 재산을 탕진하기 시작했다고 한다. 하지만 도박을 통해 재산 탕진을 위장으로 삼아 만주의 독립군에게 자금을 송금했기로 유명한 독립운동가이시다.

그러던 김희성은 신문사를 차리기 시작한다. 그는 사진을 남기고 국문으로 진실만을 전달하는 신문사를 차리겠다고 동료들 앞에서 다짐한다. 이처럼 기록을 남기는 것만큼 가장 기초적이고 중요한 일이 없다. 기록 유형에 따라 다르지만 그렇게 남겨진 기록들을 통

청년들은 매 순간 열정적으로 본질적으로 옳은 일들을 하기 위해 노력해왔다.

해 우리 조상들이 어떠한 삶을 살아왔는지 알 수 있고 단순히 사건
과 인물 정보뿐만 아니라 어떠한 생각과 행동을 했으며, 어떠한 감
정을 느꼈는지까지 알 수 있다. 이는 곧 역사를 통해 마치 만나본 적
없는 우리 조상들을 알고 있었던 것과 같은 기분이 들게끔 해준다.
즉 단순히 책 속에서 몇 년도에 어떠한 사건이 누구에 의해 일어났
는지를 습득하는 범주를 넘어서서 그 사람의 입장이 되어 우리 자
신을 이입할 수 있게끔 해준다. 즉 역사를 마음으로 느끼고 그 시대
사람들의 감정에 공감할 수 있게 되며, 당시의 상황과 배경을 더욱
깊이 이해할 수 있게 해준다. 이러한 과정들이 곧 역사 교육의 본질
에 더 가까워지는 과정이다. 또한 그렇게 이성과 마음을 통해 과거

와 소통함으로써 현재 우리의 모습이 어떻게 형성되었는지를 이질감 없이 느끼고 돌아볼 수 있게 해준다. 그리고 더 나아가 우리의 모습이 어떻게 후손들에게 어떠한 영향을 미칠지를 고려하여 결정하고 행동하게 된다. 이는 곧 우리가 후손들에게 어떠한 모습으로 기억될지를 상상해보며 조금 더 현명한 결정과 판단을 내릴 수 있게끔 해준다는 것을 의미한다.

꼭 실질적으로 도움이 되지 않더라도, 기록 그 자체로 의미가 있다. 마치 우리가 얼굴을 못 뵈었던 1900년대를 살아오신 증조할아버지와 증조할머니의 모습을 사진을 통해 보는 것만으로도 그 당시의 시대와 심적 거리가 좁혀지는 것을 느끼고 삶의 연속성에 대해 돌아보게 되는 것처럼 그 당시를 살아온 사람들의 자그마한 흔적들까지 모두 정말 소중하고 가치 있는 유산이다.

이 책을 남기는 가장 큰 이유 중 하나 역시 내 나름의 기록을 남기기 위함이다. 물론 기록을 남기고 보존할 수 있는 방법은 다양하나, 이 또한 의미가 있으리라 생각했다. 2021년과 2022년 청년들이 어떠한 생각과 노력을 하며, 고난한 현실을 어떻게 돌파해 나가기 위해 노력했는지 나름의 미시적인 기록이 될 수 있을 것이라 생각했다. 그렇게 오늘도 수많은 기록들이 SNS 등과 같은 디지털 플랫폼들에 쌓여나가고 있을 것이다. 어쩌면 인간은 본능적으로 자신이 살다간 흔적을 남기고 싶어하는지도 모른다.

역사의 소용돌이 속 사람들의 삶

"과거의 시행착오를 낱낱이 분석하여 이를 기반으로
현재를 돌아보고 미래를 그린다."

역사를 전공했다고 하면 가장 많이 받는 질문들이 있다. "이 사건 몇 년인지 아니?, 이 왕 다음에 누구 왕인지 다 외우고 있니?" 이런 흔한 질문들 외에도 "역사 공부 좀 하고 싶은데 답사 가볼 만한 곳 있으면 추천 좀 해줘라."와 같은 질문들을 자주 받는다. 보통 지인들이나 주변 분들 대다수가 관심 있어 하는 역사 이슈에는 당연히 일제강점기와 남북관계가 그 중심에 있다. 한일관계와 남북관계는 사회 내에 여전히 상처로 남아 현재 진행 중인 이슈들이기에 국민들이 다양한 형태로 사명감을 갖고 알기 위해 노력한다. 또한 영화, 드라마와 같은 미디어에서 역시 가장 자주 등장하는 시대 배경이자, 스토리이기 때문에 더욱 관심을 갖게 되는 것 같다. 이러한 질문들을 받으면 나는 줄곧 '중명전'을 추천한다. 중명전은 덕수궁에 있던 건물로 여러 이야기가 있지만 우리에게 가장 중요한 사건은 바

역사를 돌아보고 현재와 미래를 바라보는 것은 인류 사회에서 매 순간 필요한 작업이다.

로 1905년 을사늑약이 강제로 체결된 장소라는 점이다. 대한제국의
외교권이 박탈당하여 사실상 국제사회에서 국가로서의 직위를 잃어
버린 사건이 일어난 현장이 중명전이다. 중명전은 지하철 서울 시청
역에서 도보로 5분정도 거리이며 덕수궁 뒤편에 있다. 을사늑약의
현장을 그대로 재현해 놓았다. 당시 이토 히로부미가 특명전권대사
로 조선에 파견되어 을사오적과 함께 1905년 을사늑약을 체결한 당
시의 모습을 선명하게 볼 수 있다. 일제의 국권 침탈 과정 현장에서
경험하고 기억하며, 대한제국의 입장에서 국가와 국가 지도부가 국
제정세와 국정 운영에 밝지 못하면 자국민들이 어떠한 고초를 겪게
되는지를 기억하게 해주는 곳이다. 중명전이 더욱더 많이 알려져,
더 많은 국민들이 약 100년 정도밖에 되지 않은 이 뼈아픈 역사의
현장을 방문하여 다시는 이러한 시행착오를 반복하지 말아야 한다
는 것을 뼈에 새겼으면 한다. 또한 현재와 미래의 우리 후손들을 위

해서라도 국력을 강하게 하여 국가의 존속과 국민의 안위를 견고히 하고 더 밝은 미래를 그릴 수 있는 계기가 되었으면 한다.

이처럼 역사를 공부하면서 지식을 배운다는 느낌보다는 살아가는 방법을 배운다는 느낌을 많이 받았다. 교수님들께서 매 학기 첫 강의마다 해주셨던 말씀이 있다.

"삶에 대해 공부하는 것은 그릇을 채운다는
느낌보다는 그릇을 넓히기 위함이다."

"살면서 그릇을 채우는 것은 매 순간 가능하지만,
그릇을 넓혀가는 일은 나이가 들수록 힘든 일이다."

이러한 말씀들과 함께 교수님들은 인터넷에 검색해서 나오는 지식을 외우는데, 애를 쓰지 말라고 당부하셨다. 과거에 살았던 사람들이 무엇을 느끼고 어떻게 살아갔는지 보고 듣고 느끼면서, 내 삶을 어떻게 살아나갈 것인지 고찰해볼 것을 말씀하셨다. 수많은 갈림길에서 사람들은 자기가 가야 할 길에 대한 수많은 선택을 해야 했다. 그 선택에 따라 그 사람의 삶이 혹은 사회가, 국가가, 세계의 역사가 어떻게 쓰였는지를 돌아보면서 어떻게 하면 선택에 있어 조금 더 본질적으로 의미 깊은 선택을 할 수 있을지를 고찰해보라고 말씀하셨다. 은사님들께서는 그 사람의 입장이 되어 보고 나는 그 상황에 놓였을 때 과연 어떠한 선택을 했을지 생각해보는 연습을 많이 할 수 있도록 해주셨다. 공감해보고 또 극한의 상황에서 어떠한 선택을 했을지 느껴보고 지금의 나를 돌아보는 연습이었다.

눈앞의 이익을 탐하다 일을 그르친 이들의 이야기들, 불의와 타협하여 역사에 남은 사람들의 이야기들을 혹은 반대로 이를 참아내고 견뎌내어 많은 사람들에게 좋은 이로 기억되었던 사람들의 삶을 돌아보면서, 정말 많은 것들을 느낄 수 있었다. 보통 "이 사람은 어떻게 이런 삶을 살았을까.", 혹은 "어떻게 이런 선택을 할 수 있지."라고 생각하는 순간이 많았다. 역사 속 사람들의 삶은 드라마보다, 영화보다 더 극적이었고 예측 불가능한 일들이 너무도 많았다. 그속에서 생존하여 무엇인가를 이룩해 내는 사람들, 혹은 무난한 삶을 살다가 편안히 생을 마감하는 이들, 자익을 위해서는 어떠한 일도 서슴지 않는 이들, 자익을 위해 불의에 동조하거나, 남에게 붙어 연명하는 이들, 기회주의자들 그 외의 수많은 유형의 사람들에 대해 보고 배울 수 있었다. 그 사람들의 삶은 모두 각자만의 상처와 이야기로 점철되어 있었다. 그리고 왜 그런 삶을 살았는지를 찾아 나가다 보면 느끼는 것과 보지 못했던 것들을 볼 수 있었던 적이 많았다. 사실 너무도 예상 밖의 행동이나 특정 인물의 특정 행동에 인과관계를 찾는 것은 너무도 어려운 일이다. 한정된 사료 속에서 그 인물이나 사건의 기록을 보고 최대한 논리적인 추측을 하기 위해 노력하는 과정이지만, 그 과정이 쉽거나 100% 정확했다고 단정할 수 있는 케이스들은 극히 드물다. 하지만 그 과정 속에서 어떻게 세상이 변화하는지, 사람들이 그 사람들로 인해 어떻게 변화하는지를 보면서 한 사람의 선택과 판단이 세상에 미칠 수 있는 영향력을 체감할 수 있었던 것 같다.

특히 세계대전, 일제강점기, 한국전쟁 등 전쟁사 혹은 사람들의 생존에 대한 집념과 폭력이 극에 달했던 사건들을 들여다보면, 우리는 '인간'이라는 존재의 이성 속에 가려져 있던 본능 그대로의 모습을 개인, 혹은 집단으로 접할 수 있다. 생존을 위해서, 혈육을 지키기 위해서 그 외 수많은 극단적인 상황 속에서 본능에서 발현되어 나오는 사람들의 선택들을 보면서 느끼는 것들이 정말 많았다. 그리고 내 개인적으로는 두 가지 생각을 했던 것 같다.

"인간은 정말 나약한 존재이구나."

"내가 만약 저 상황에 놓인다면
나도 저렇게 할 수 있을까."

서로의 생각과 의견을 공유하고 공감하기 위해 청년들은 노력하고 있다.

그리고 나는 더욱 '인간'은 어떠한 성질을 가지고 어느 순간에 어떠한 행동을 하는 습성이 있는지를 공부하고자 했다. 심리학, 사회학, 철학, 깊이 있게는 들어가지 못하지만 최대한 내가 할 수 있는 데까지 내 능력을 발휘하여 접할 수 있는 부분들을 많이 접하고자 했다. 교양과목 수강, 독서, 강연 등 유형을 가리지 않고 보고 듣기 시작했다. 그러던 어느 날 교수님께서 면담을 부르시더니 나에게 말씀해주셨다.

> "주변 친구들, 동료들, 그 외의 너가 만날 수 있는
> 최대한 많은 사람들의 최대한 많은 생각과
> 이야기를 들어라."

교수님께서 이 말씀을 해주신 뒤로는 사람들과 생각을 공유하고 서로의 이야기를 듣는 시간에 비중을 50% 정도로 쏟은 것 같다. 비중을 반으로 늘린 이유는 교수님께서 해주셨던 그다음 말씀들에 있다.

> "독서는 우리 인생에서 가질 수 있는 가장 큰 배움의
> 방법 중 하나이다. 앞으로도 절대 소홀히 해서는
> 안 된다. 하지만 명심해야 할 것이 있다.
> 절대로 책 속의 내용이 세상 전부를 담고 있다고
> 생각해서는 안 된다. 세상은 절대 책에서 말하는
> 것과 같이 돌아가지 않는다. 책을 읽고 세상을
> 향해 고개를 드는 순간 너무도 달라
> 그 괴리가 크게 느껴질 것이다."

이론들과 책들은 수많은 인간이 인지할 수 있는 것들 속에서 인간들이 파악해 낸 원리와 원칙들이었다. 그 원리와 원칙들을 앎으로써 너무도 많은 것이 바뀌었고 또 바뀌어나가고 있다. 고로 삶을 살아감에 있어 가장 양질의 참고서 중 하나인 셈이다. 그렇지만 수많은 원리원칙들과 책만을 고집하여 삶을 돌아보는 것은 실제 삶에 있어 큰 오차나 괴리를 안겨 올 수 있다는 것을 깨달았다. 그렇게 교수님의 말씀이 강하게 기억에 남아, 책에서 배운 것들을 토대로 만날 수 있는 최대한의 사람들과 만났다. 그리고 속 깊은 이야기를 나누기 위해 노력했다. 지금도 공적인 자리가 아닌 이상 사람들 다수와 한 번에 만나는 것은 내 개인적으로 비교적 선호하지 않았던 것 같다. 아무래도 깊은 내면의 이야기를 나누기 위해서는 다수보다는 소소하게 모이는 것이, 심적인 면에서 모두에게 더 편안했던 것 같다. 만났던 모든 이들과 편안하거나 깊은 대화를 나누기에는 힘들었지만 그 과정 또한 배울 수 있었던 것이 많았다. 사람들과 서로에 대한 이야기를 들으면서 책만큼이나, 혹은 책보다 더 많은 것을 보고 듣고 느낄 수 있었다. 내가 보지 못했던 부분들을 볼 수 있었으며, 듣지 못했던, 생각하지 못했던 부분들을 봐왔던 사람들을 만날 수 있었다. 또한 각자의 생각을 함께 공유함으로써 더욱더 깊은 사이가 될 수 있었고, 마음을 함께하는 동료들을 만날 수 있었다.

그렇게 사람들과 이야기를 나눈 후, 나는 내가 느끼고 생각했던 것들을 글로 적어 내려가기 시작했다. 사람들은 행복해하고, 슬퍼하고, 상처받고, 치유하고, 함께 웃고, 함께 울고를 반복하며, 자기 나름의 삶들을 살아가고 있었다. 그리고 생각했다. 내가 경험하는 특정 현상이나 사건들과 유사한 유형의 일을 경험하거나 보고 느끼는 사람들은, 물론 100% 같은 생각을 할 수는 없지만, 어느 정도 나와 유사한 생각을 하고 유사한 감정을 느낀다는 것을 알 수 있었다. 쉽게 말해, 내가 힘들거나 어렵거나 행복하거나 기쁘거나 슬픔을 느끼고 있다면, 다른 사람들 역시 대부분 유사한 감정을 느끼고 유사한 생각을 한다는 것을 알 수 있었다. 그리고 그다음으로 어떠한 결정과 행동을 해나가는지에 따라 길이 달라진다는 것을 알 수 있었다. 이 경로를 따라 100년 과거로 돌아가 보고자 한다. 과연 100년 전, 소용돌이가 몰아치던 조선의 뼈아픈 격동기 속에서 삶을 꾸려야 했던 조상들은 어떠한 생각을 하고 어떠한 감정을 느꼈을지 돌아볼 것이다.

우리는 대한제국 말기부터 일제강점기 그리고 그 이후의 사건들을 역사 속 사건들로 배우지만, 지표상으로 놓고 봤을 때 그 시기는 너무도 가까워 현재까지 우리에게 크나큰 영향을 주고 있다. 이제 그 뿌리를 찾아 선대가 살아오신 삶을 돌아보고 현재를 함께 살아가는 동료 청년들과 공유했던 것들을 독자분들과도 함께 공유해보고자 한다.

선대를 기억하며 현재를 돌아본다

한반도의 현재를 바로 보기 위해서는 한반도의 과거를 돌아봐야 한다. 현재의 한일관계와 남북관계를 논하기 위해서는 조선의 사회구조와 대한제국 말기부터 일제강점기 그리고 분단과 전쟁, 더 나아가 한반도의 현대사가 어떻게 흘러왔는지를 알고 있어야만 현재 안건들이 어떻게 현 상태로서 작용하고 있는지를 명확히 알 수 있다.

소위 '근대사', '현대사'라고 불리는 사건들은 역사 교과서와 역사책 속에서 배워온 '역사'라는 범주에 속해있어 먼 과거처럼 느껴질 수 있지만 조금만 가까이 다가가서 보면 너무도 가까운 '조금 멀리 있는 현재'인 것을 알 수 있다.

대한제국이 일제에게 외교권을 박탈당한 사건인 을사늑약(1905년)은 현재 2022년으로부터 117년 전의 일이다. 국권이 강제 침탈되어 일제의 식민지배하에 들어간 사건인 한일병합(1910년)은 112년 전의 일이다. 이 다시는 반복되어서는 안 되는 비통하고 뼈아픈 사건들은 모두 약 100년 전에 일어났다. 약 100년이라는 시간은 어떻게 바라보는지에 따라 길어 보일 수도, 짧아 보일 수도 있다.

역사라는 긴 맥락 속에서 약 100년이라는 시간은 너무 짧은 한 구간에 속한다. 우리는 살아가는 현재로부터 국운을 뒤바꾼 두 개의 큰 사건들은 약 100년 전에 일어났다. 현 2030 세대들의 조부모님, 증조부모님, 고조부모님들께서는 이 사건들을 모두 직간접적으로 겪으셔야 했다. 이처럼 미시적인 관점을 통해 들여다본 일제강점기와 그 후의 역사는 그 어느 역사보다 우리와 가깝다는 것을 깨달을 수 있다. 그리고 지금도 우리에게 그 흐름은 끊어지지 않은 채 한일관계와 남북관계라는 맥락으로서 흐르고 있다.

역사를 돌아보다 보면 국가의 역사, 정치의 역사, 외교의 역사를 넘어서서 소용돌이가 휘몰아치던 시대 속에서 삶을 꾸려 나가야 했던 우리의 조상들은 어떠한 감정을 느끼며, 어떠한 생각을 하시며 살아가셨을지를 생각해보게 된다. 우리가 사회에서 일반적으로 '역사'로 인식하고 접하는 것들은 보통 거시적 관점에서 과거를 바라본 국가 단위의 역사나 정치사, 외교사이다. 하지만 한 시대 속에서 삶을 살아가야 했던 개인, 혹은 '사람들'의 삶을 들여다보면 정치사, 외교사 등에서는 볼 수 없었던 완전히 다른 한 조각의 역사를 보게 된다.

일제강점기는 '근대'의 시대였다. '근대'란 무엇일까? 사람들은 근대라고 하면 보통 이양선, 증기기관차, 기계, 근대 의상, 근대 문물, 신문물 등을 떠올린다. 이처럼 사람들은 가장 1차적으로 '근대'라는 것을 문물을 통해 접했다. 현재 신세계 백화점 본점이자, 일제 시기 미쓰코시 백화점이었던 그 위치에서부터 충무로 사이의 거리는 '진고개'라고 불렸다. 진고개는 쉽게 말해 당시의 근대 신문물들이 모두 모여있는 곳이었다. 길 좌우로 늘어선 상점들이 늘어서 있었다. 진열창에는 모두 새로운 값지고 찬란해 보이는 물품들이 사람들의 관심을 사로잡았다고 한다. 양인 옷을 입은 사람들이 돌아다니고, 커피 냄새가 길가에 진동하며, 전기가 들어와 불이 밝혀진 진고개의 풍경은 이전에는 경험해 본 적 없는 새롭고 신비로운 곳이었다고 한다.

이러한 전기, 가로등과 같은 신문물과 근대의 산물들은 대부분 재조선 일본인 거주지역에 건설되거나 도입되었다고 한다. 당연히 조선인 거주지역과는 발전의 격차가 컸고 조선인들이 느껴야 했을 괴리감과 심적 무기력감은 그 어느 때보다 컸다고 한다.

또한 '근대성'은 단순히 문물뿐만이 아니라 조선 사람들의 시간 단위 속으로도 침투했다. 전차와 버스의 도입은 이동 반경과 시간 단위에 변화를 일으켰다. 사회가 근대의 시간 단위에 맞춰 돌아가기에 어쩔 수 없이 자신을 그 시간 단위 속으로 던져 넣어야 했던 조선인들은 설움을 느껴야 했다. 교통을 비롯한 신문물 속에 존재하던 조선인들에 대한 차별은 조선인들에게 근대와 식민 지배 사이에서 더 크나큰 괴리를 느끼게 하고 심리적 압박감을 주었다.

이렇게 조선 사람들은 식민 지배의 맥락 속에서 근대성과 접촉하게 되었다. '인간'은 어두움에 두려움을 느껴 밝은 곳을 찾는 것이 본능이며, 지금 우리와 같이 당시의 우리 조상들도 예쁜 것, 화려한 것, 새로운 것에 눈이 갔을 것이다. 하지만 식민 지배라는 맥락 속에서 그 밝고 화려하고 신기한 것들에 대한 접촉은 조선인들에게 크나큰 심리적 괴리를 일으켰다. 이러한 근대와의 접촉은 조선인들에게는 너무도 뼈아픈 경험이었고, 직면해야 했던 현실이었다.

이러한 현실 속에서 다각적인 경로로 침투해 오는 식민 지배의 요소들은 조선 사람들의 오감과 육체 그리고 정신을 경직시켜왔다. 물리적 통제와 함께 오감을 통해 느낄 수 있었던 근대 문물들과 근대 문물들에 따라오는 일본인들과 조선인들에 대한 차별은 사람들을 주눅 들게 했다. 조선인들 스스로가 일본인들보다 열등한 존재라고 느끼도록 하는 일제의 의도는 조선인들에게 크나큰 정신적 고통을 느끼게 하고 울분을 터뜨리게 했다. 일본은 자신들의 본국을 '내지'라고 불렀다. 그리고 본토 외에 식민 지배를 하고 있는 곳을 '외지'라고 불렀다. 일제는 조선에서 '황국신민화' – "나는 천황에게 충성을 다하는 대일본제국의 신민이다.", '내선일체' – "내지와 조선이 하나가 된다."와 같은 정책을 통해 조선의 외면과 내면을 모두 흡수, 동화시키기 위해 노력했다. 이러한 정책과 수많은 만행들이 있었음에도 불구하고 조선 사람들은 절대 굴하지 않았다. 역사 교과서와 책, 수많은 영화, 드라마, 뮤지컬을 통해 현재 접할 수 있는 안중근 의사, 윤봉길 의사 등의 의병분들, 독립운동가분들께서 가장 앞장서서 일제의 반인륜적 행위에 대한 저항과 투쟁을 이끌어 내셨다.

1919년 국민들이 직접 조직적인 운동을 비밀리에 기획하여 실행한 3·1운동 역시 역사에 길이 남을 인류를 위한 움직임이 되었다. 단순히 민족독립을 위한 만세 운동이 아닌 일제의 반인륜적 행위에 대한 인류로서의 저항 운동이었다는 점을 우리는 꼭 기억해야할 것이다. 교수님께서는 물론 독립을 위한 운동이기도 했지만 3·1운동의 의미와 범주를 민족독립운동만으로 국한 시키기에는 운동에 내재 된 의미가 너무도 깊고 크다고 말씀하셨던 것을 처음 들었던 순간을 나는 아직도 잊을 수가 없다. 그렇게 우리의 선대들은 뼈가 뒤틀리고 살이 파이는 고통을 참아내며, 국가를 넘어서서 인류를 위해 저항하셨다.

글을 적어 내려가다가 일제의 국권 침탈과 식민 지배를 막기 위한 청년들의 이야기를 다룬 드라마 '미스터 션샤인'을 다시 보게 되었다. 두 명의 여주인공들과 세 명의 남자 주인공들은 모두 각자의 위치에서 총과 칼 혹은 카메라와 펜으로 옳지 않은 현실을 돌파해내기 위해 노력했다. 그렇게 조상들은 남녀노소 가리지 않고 옳지 않은 것과 싸우기 위해 각자의 방식으로 저항하셨다.

그리고 2010년. 여전히 기억에 선명하다. 2010년 일본 사이타마 스타디움에서 열린 축구 국가대표팀 월드컵 출정식, 한일전에서 터진 박지성 선수의 골과 산책 세러머니, 벤쿠버 올림픽 김연아 선수의 금메달 장면을 보면서 생각했었다. '경술국치'가 일어난 지 100년 만에 태극기를 몸에 새긴 청년들이 우뚝 솟아올랐다. 스포츠정신에 정치적 의미나 대립의 의미를 부여하는 것은 옳지 않은 것임을 알기에 스포츠 정신 외에 그 어떠한 의미도 부여하고 싶지 않다. 다만 올바름을 위해 투쟁하셨던 100년 전 조상들은 이러한 순간이 올 것이라 생각하셨을지, 그리고 이 장면을 보시면서 어떤 생각을 하셨을지, 돌아보게 되었다.

이처럼 일제는 국권 침탈과 함께 수많은 만행을 범했고 이에 조상들은 저항하고 싸워나가셨다. 그리고 우리의 입장에서 가장 잊어서는 안되는 것이 있다. 우리의 입장에서 기억해야 할 가장 현실적인 교훈은 국가 지도부의 나약함에서 발생한 침울한 사건들 때문에 얼마나 많은 국민들이 수많은 고통을 참아내야 했는지를 우리는 뼛속 깊이 새겨야 한다.

국민들은 이러한 일이 다시는 반복되어 일어나지 않기 위해 지도부의 국정운영에 귀를 기울이며 국가 지도부가 올바른 길을 갈 수 있도록 해야 한다. 조선의 청년들처럼 매 시기 한반도의 청년들은 역경을 이겨내기 위해 노력했고 지금까지 달려왔다. 현재의 청년들 또한 그 역사와 함께 할 것이다.

현재의 한일관계와 청년들

　　독립운동가, 위안부 할머니들, 강제 노역, 친일 논란, 독도, 소녀상, NO JAPAN, 외교 분쟁과 같이 한일관계 속에서 아직도 일제강점기의 회복되지 못한 상처는 피해자 분들과 우리 모두를 고통받게 하고 있다. 당연한 이야기이지만 하루라도 빨리 각 안건에 타당한 판단과 조치가 적용되어 현재와 미래에는 이러한 일들이 더 이상 반복되지 않도록 대내외적으로 노력해야 한다.

　　이처럼 일제강점기와 그 이후, 그리고 현재까지의 역사는 지금도 우리와 함께 흐르고 있음을 알 수 있다. 함께 역사를 공부하는 친구들과 현재까지 진행되어 온 한반도와 일본 간의 역사 분쟁, 남북관계, 해결되지 못한 일제강점기의 상처와 분단과 전쟁으로부터의 상처에 대해 지속적으로 논의해왔다. 특히 일제강점기와 한국 현대사를 다각적으로 들을 수 있었던 것은 학부 생활 중 가장 기억에 남는 고마운 일이었다. 함께 논의했던 학우들 모두가 공통적으로 느꼈던 부분들을 글을 통해 함께 공유해보고자 한다.

싱크탱크 안민정책포럼 세미나

　　두 분의 은사님 중에서 한 분께서는 조선 시대사를, 한 분께서는 일제강점기를 연구하셨다. 두 시기 모두 현재까지 직간접적으로 이어져 우리의 살아가는 모습 속에 많은 것들을 남겨 놓았다. 한일관계와 남북관계 분야에서 꿈을 키우는 다양한 곳에서 만났던 동료 청년들과 논의를 해나가다 보면 거의 모두로부터 공통적으로 논의되는 요소들이 있다.

　　은사님들께서는 늘 역사를 배우면서 현재를 돌아보고 미래를 계획하도록 가르쳐주셨다. 그리고 사회적 파장을 일으키는 일들이 발생할 때마다 교수님들은 해당 문제에 대한 옳고 그름을 스스로가 판단해보라고 하시기에 앞서 제자들에게

"우리는 갈등을 올바르게 풀어나가고 있는가?"

에 대해 질문하셨다. 짧은 질문이지만 사회 전체에 대한 많은 것들을 내포하고 있는 질문이기에 이 질문을 처음 들었을 때 머리를 세게 맞은 기분이었다. 모두가 갈등이 속에서 무엇이 옳은지에 대해 수단과 방법을 가리지 않고 목소리를 높일 때, 그리고 많은 사회구성원들이 동요하여 더욱 목소리를 높이고 결국 감정적 다툼으로 번질 때, 놓치고 있었던 가장 중요한 질문을 교수님께서 논제로 제시해주셨다는 생각을 했다. 그리고 매번 뉴스를 보거나 사회적으로 안타까운 일들이 발생을 할 때마다 이 질문은 내 머리 정중앙에서 떠나지를 않았다. 현재 양극화 해결이 사회적 과제로 떠오르고 고착화 된지 꽤 오랜 시간이 지났다. 이 문제는 사회의 방향성을 결정하는 것에 있어, 시행착오를 통해 가치 있는 결론을 도출할 수 있도록 해주는 긍정적 요소가 아니라, 말 그대로 사회의 원활한 순환을 방해하는 사회 갈등 속에서 나타나는 소모적인 현상의 형태 중 하나가 되었다.

대외적인 측면에서 역시 함께 논의했던 청년들의 생각은 다르지 않았다. 과거 일제의 만행과 현재의 야스쿠니 신사참배 등과 같은 심각한 문제들에 대해 세세히 짚고 넘어가야 한다. 다만 그 방식에 있어서 조금 더 한 걸음 나아가는 것이 어떤지에 대한 의견이 존재했다. 일본의 만행은 더 이상 말할 것도 없이 치밀했고 참혹했다. 또한 지난 식민 지배와 관련하여 현재 일본 정부나 일본 일부 인사들이 일으키고 있는 일들 역시 결코 용인될 수 없는 일이다. 이러한 일들에 있어 조금 더 단단하고 격식 있는 방법으로 대응을 하는 것이 어떤지에 대한 의견이 나왔었다. 일제는 잔인했고, 참혹한 만행을 저질렀다. 그리고 그와 연관된, 있어서는 안 될 갈등들이 현재까지 전이되어 내려오고 있다. 이에 우리가 감정적으로 화가 나는 것은 당연한 일이다. 하지만 그럴수록 일제와 일본과는 다르게 조금 더 견고하고, 단단하며, 격식 있는 방식으로 국제사회에 일본의 잘못된 행동에 대해 알리고, 일본에 대한 입장 표명 역시 일본에서 어려워할 정도로 단결되고 견고하며 격식 있는 자세로 전달하면 더욱 무게감 있는 의사전달이 될 수 있을 것이라는 의견이 나왔다.

또한 일본에 대한 의사전달의 대상 역시 조금 더 명확해질 필요가 있다고 생각한다는 의견이 있었다. 일본 친구와 함께했던 국제 콘퍼런스가 있었다. 각자의 역사에 대해 논하고 평화를 목표로 하는 청년들이 함께 현재 존재하는 각 국의 갈등들에 대해 허심탄회하게 자신의 생각을 공유하기 위한 콘퍼런스였다. 한일갈등과 일제에 대해 일본 친구는 이렇게 이야기했다. "우리의 조상들이 잘못했다는 것을 우리는 너무도 잘 압니다. 그리고 지금도 누군가는 일본에서 잘못된 생각을 가지고 있다는 것을 일본 청년들도 잘 알고 있습니다. 하지만 저희 일본 청년들 중에서는 이를 공부하고 다시는 이러한 비극이 있어서는 안 된다는 것을 마음에 새기며, 평화를 위해 노력할 것을 다짐하고 있습니다. 저희에게 일본이 잘못하지 않았는지에 대해 여쭈신다면 당연히 저희 조상들은 잘못했다고 말씀드리고 싶습니다. 하지만 현재 저희에게는 비판과 비난의 시선을 보내지 말아주세요. 부탁드립니다."라는 말을 남겼다. 독일 친구 역시 제2차 세계대전 당시 독일에 대해 동일한 맥락에서 이야기를 했다. "저희 조상들이 잘못한 것을 우리는 너무도 잘 알고 있습니다. 또한 여전히 몇몇 사람들이 잘못된 생각을 가지고 있는 것 역시 사실입니다. 하지만 저희 세대 전체가 그리고 모든 독일인들 전부가 이와 관련하여 비판과 비난을 받는 것은 옳지 않다고 생각합니다." 이처럼 우리는 막연하게 불특정 다수를 비판하기 보다 누가 어떠한 잘못을 했는지를 명확히 판단하고 어떠한 방식으로 소통하여 의사전달을 할지를 명확히 파악해야 한다. 막연하게 일본 전체를, 특정 집단 전체를 일반화하여 비판하는 것보다 명확한 의사전달이 더 견고하고 단단한 메시지로 전달될 것이라는 의견이 나왔다. 우리는 모두 과거의 잘못들을 돌아보고 평화를 위해 앞으로 나아가야 한다. 불특정 다수에 대한 보복성 행동이나 비난은 과거 인류의 잘못된 행동들을 다시금 돌아보게 하는 행동이 될 수 있다. 이에 청년들은 더욱이 평화를 위해 서로 모여 어떠한 논의들을 해나갈 수 있는지 고찰하고 함께 미래와 평화를 위해 존중과 배려를 기반으로 한 대화로서 갈등을 풀어나가는 연습을 해나갈 수 있으면 하는 내 개인적인 바람이자 동료 청년들의 공통된 의견이었다.

현재 한일관계와 남북관계는 한국 사회 내 곳곳에서 작용하고 있다. 이는 곧 우리의 뼈아픈 역사를 잊지 않고 기억해나가고 있는 측면에서 좋은 현상일 수도 있지만, 역사적 경험과 기억이 어떠한 형태로 표출되는지에 따라 그렇지 못할 수도 있다. 사회적 갈등은 심화되어 왔고 갈등의 심화로 인해 갈등은 그 본질을 넘어서 감정적 갈등으로 번지는 현상이 종종 나타났다. 그 현상 속에서는 뼈아픈 역사의 피해자들을 생각해서라도 나와서는 안 되는 언행들과 현상들이 등장하고는 했다. 구체적인 사례는 그 정도가 너무도 심하기에 직접적으로 언급하지 않겠다. 독자분들께서 이미 짐작하고 인지하실 수 있을 것이라 생각한다. 이러한 현상은 서로를 감정적으로 헐뜯을 때 사용되는 경우가 다수였다. 여전히 고통을 겪으셔야 했던 피해자분들께서 살아가고 계신 상황에서 이러한 행위는 더 이상 일어나서는 안 된다고 청년들 모두가 공통적으로 생각했다. 정치를 비롯한 그 외의 다양한 갈등들 속에서 건강하지 못한 양극화의 소용돌이가 사회를 흡수해 나갔다. 한일관계와 남북관계로 인해 합리성, 논리성, 객관성, 존중과 배려에서 벗어나 감정적으로 서로를 헐뜯는 행위는 우리 스스로의 상처에 더 큰 상처를 남기는 행위임을 우리는 명심해야 한다. '갈등'이라는 요소는 나쁜 요소가 아니다. 갈등은 다양성이 존재한다는 증표이자 긍정적이고 합리적인 가치를 얻기 위해 거쳐가야 하는 가장 중요한 과정 중 하나이다. 다만 그 갈등이 존중과 배려 속에서 합리적이고 객관적이고 논리적으로 풀어져 나갈 때 긍정적인 사회 발전으로 끝맺음할 수 있음을 우리는 기억해야 한다. 우리가 왜 갈등하는지를 기억한다면, 초심을 잃고 싸움에서 승리하기 위한 갈등 속 갈등을 예방할 수 있을 것이라 생각한다. 고로 나는 독자분들을 비롯하여 동료 청년들 그리고 최대한 많은 사회구성원분들과 함께 이 질문에 대해 고찰해보고 싶다.

과연 우리는 사회의 갈등을 올바르게
풀어나가고 있을까요?
우리는 사회의 갈등을 올바르게 풀어나가는
방법을 알고 있을까요?
우리는 사회의 갈등을 올바르게 풀어나가는 방법을
우리의 자녀들에게 그리고 후손들에게 배울 수
있도록 몸소 보여 주고 있을까요?
우리 후손들은 우리를 어떠한 모습으로 기억할까요?

청년 세대의 성장을 통해 본 현재와 미래

　이처럼 현존하는 많은 사회 문제들에 대해 청년들은 문제의식을 느끼고 이를 긍정적으로 풀어나가기 위한 해결방안들을 찾아내기 위해 노력하고 있다. 선대들의 가치를 물려받으면서도 현재 내재되어 있는 문제들에 대해 해결점을 찾아 나가고 지금보다 조금 더한 발짝 나아가기 위해 함께 모여 논의하고 방안들을 모색해나가고 있다. 기존에 존재하고 있던 청년들에 대한 부정적 인식, 사회 문제에 대해 관심이 없고, 투표도 하지 않으며, 직면해 있는 문제에 대응할 의지조차 없다는 말에 나는 개인적으로 동의하지 않았다. 물론 투표율 같은 경우에는 청년들이 함께 돌아봐야 할 사안이지만 그 외의 경우에는 대다수는 아니지만 문제들을 극복해 내기 위해 노력하는 청년들이 항상 존재해왔음을 알리고 싶었다. 그리고 결국 청년들은 스스로의 문제에 매시기 선대들이 자신들만의 어젠다를 들고 일어섰던 것과 같이 들고 일어서기 시작했다. 지난 서울시장, 부산시장 보궐 선거를 기점으로 2030 세대의 선거 내의 영향력이 사회적으로 핀포인트 되면서, 사회 전체에 2030 세대, 청년 세대, MZ 세대에 대한 관심과 이목이 쏠리기 시작했다. 이 기류를 시작으로 정당들, 사회 조직, 단체 등 사회를 구성하고 있는 요소들 속에서 청년들이 영향력을 키워나가기 시작했다. 제1야당에서는 헌정사상 최연소 당 대표가 선출이 되었고 각 정당들은 청년들을 키워드로 앞세우며, 청년당원들 및 간부들을 대거 기용, 양성하기 시작했다. 선거 공약들에는 청년 관련 공약들이 가장 중요한 안건들로 거론되기 시작했으며, 사회 구성 요소들 속에서 '젊음', '신세대'를 키워드로 하는 트랜드가 생겨났다.

그렇게 2022년 제20대 대통령 선거에도 2030 세대의 표심이 'Casting Vote'가 될 것이라는 분석이 미디어를 통해 쏟아져나오고 있다. 이제 2030 세대는 투표율이 가장 낮았던 세대에서 선거의 결과를 좌우하는 가장 결정적인 세대가 되었다. 청년들이 사회적으로 이슈가 되기 시작한 원동력은 무엇이었을까? 청년들이 성장하면서 점진적으로 살기가 힘들어진다고 스스로 인지했고 이로 인해 직접 목소리를 내기 시작했다.

사실 2030 세대는 성장 과정에 있어 부모님 세대로부터 가장 강한 지도를 받고 가장 치열한 경쟁 속에서 살아온 세대 중 하나이다. 부모님들이 성장 과정에서 느꼈던 것들을 자녀 세대에게 투영시키기 시작하면서 현 2030 세대는 부모님들의 강력하고 엄격한 지도 하에 성장해야 했다. 이 집단적인 현상이 과열되면서, 학벌, 재력 등 부모님 세대에게 가장 중요하게 작용했던 요소들을 위해 수단과 방법을 가리지 않고 쟁취하기 위해 노력해야만 했다. 좋은 학교에 입학해야만 사회에서 성공하고 좋은 대우를 받을 수 있고, 돈이 많아야만 사회에서 무시 당하지 않고 억울한 일 당하지 않고 살 수 있다는 이야기를 2030 세대는 성장 과정에서 가장 많이 듣고 자란 세대 중 하나이다. 그리고 더욱 참담한 것은 이는 곧 현실이라는 것이다. 학벌과 재력을 중요시 생각하는 사회 풍토는 사람들을 과잉 경쟁으로 몰아넣었고 이는 곧 사회의 새싹이자 국가의 미래인 아이들을 끔찍한 경쟁 사회로 몰아넣었다. 더욱 큰 문제는 단순히 경쟁만이 존재한 것이 아닌, 이 경쟁이 살아가면서 더욱 중요한 요소들을 집어삼켜 버렸다는 것이다. 어떻게든 무슨 수를 써서라도 경쟁에서 살아남고 이겨야 한다고 가르친 사회 풍토는 존중과 배려 심지어는 도덕성 또한 집어삼켜 버렸다. 이러한 과정을 통해 그 경쟁에서 이겼다고 생각되는 순간 모든 것이 우월한 사람, 모든 기준에 있어서 위에 있는 사람이 되었고, 이는 곧 더 큰 사회 문제들을 야기하기 시작했다. 근래에 사회적으로 과잉 경쟁과 선의의 경쟁 사이에서 논쟁이 벌어진 것을 봤는데, 그 이전에 경쟁에 대한 개념과 사회적 관념부터 재정립하는 것이 먼저라고 생각한다. 한국 사회 내의 경쟁이라는 단어가 내포하는 여러 가지 의미들은 본래의 경쟁이라는 단어와 의미가 동떨어져 있다는 생각이 늘 들었었다.

이렇게 아무것도 모른 채, 어른들이 이렇게 해야만 한다고 가르쳐주는 것을 있는 그대로 수용하고 살아온 2030 세대에게 위기를 극복해 나가는 능력은 애초에 길러지지 않았던 것일 수도 있다. 자녀가 경쟁에서 살아남도록 하기 위해서는 부모들도 발 벗고 모두 경쟁에 뛰어들어 자녀들 앞에 존재하는 장애물들을 모두 제거해주었기 때문이다. 그렇게 2030 세대는 부모님들께서 원하는 학교에, 그리고 학과에 진학하여, 부모님들께서 원하는 편하고 사회적으로 선호되는 직업을 가진 사람이 되어 좋은 사람과 만나 결혼하여 가족을 형성하도록 교육받았다. 즉 안정성과 보편성에 초점이 모두 맞춰진 삶의 과정을 모두가 동일하게 목표로 설정하고 형성해 나가기 위해 노력했던 것이다. 격동의 시대를 살아오신 부모님 세대가 공유하는 공통적인 경험을 돌아본다면 이러한 현상이 나타나는 것은 당연한 현상이다. 산업화, 민주화 시대를 살아오시면서 온갖 고초를 다 겪으셔야 했던 부모님 세대로서는 자식들이 자신들이 경험했던 설움을 경험하지 않도록 하기 위해, 또는 자신들이 버텨내야 했던 힘든 것들을 자식들이 경험하게 하지 않기 위해 이성과 감성을 모두 쏟아내어 경쟁 구도 속에서 자녀들을 살아남도록 해야만 했다. 그렇게 대한민국은 의대, 치대, 한의대, 법대, 경영대를 진학해야 하는 나라가 되었고 그렇게 어린이들과 청소년들은 꿈을 설정하고 목표를 위해 달려야 했다. 다양한 경험을 통해 자신의 적성에 맞고 자신이 좋아하는 분야를 위해 꿈과 능력을 키워나가는 이상적인 일은 대한민국에서는 아직 이른 것이었을까? 현 2030 세대 성장 과정의 거시적 맥락이 모두 이러한 틀에서 시작되었다는 사실은 모두가 공감하는 과거가 되었다. 그렇게 우리의 부모님 세대가 산업화, 민주화를 자신들의 과거로 기억하신다면, 현 2030 세대는 경쟁으로 과거를 기억하는 세대가 되었다.

이러한 2030 세대가 자신들의 뒤를 돌아보기 시작했다. 그동안 부모님 세대가 인도해주는 길이 옳은 길이라고 생각하며 따라왔다면, 이제 그 길이 옳은 길이었는지, 혹은 그 길이 자신이 정말 한평생을 살면서 살아오고자 했던, 그리고 앞으로 살아나가기 위해 자신이 정말 갈망했던 길이었는지를 돌아보기 시작했다. 스스로가 나름, 최선을 다해 치열하게 열심히 살아왔다고 생각했지만 정작 부모님 세대께서 말씀해주신 것들의 끝에는 정작 내가 무엇을 위해 살아왔는지에 대한 정답은 존재하지 않았다는 것을 이따금 깨닫기 시작한 것이다. 그렇게 사회 속에는 '대2병', '욜로'라는 키워드와 현상들이 나타나기 시작했다. 대학교에 진학 후 갈길을 잃어 방황을 하거나 삶에 대한 노곤함과 무기력감에 앞 세대가 치열하게 미래지향적인 삶을 살아왔다면, 현시점에 가장 행복한 삶을 살아나가는 2030 세대들이 늘어나기 시작한 것이다. 예전에는 돈을 저축하고 현실이 고달프더라도 자신을 억누르고 가족들과 미래를 위해 살았다면, 이제는 돈을 저축하기 보다는 현재를 위해서 내가 원하는 것을 하나 더 사서 만족하고, 원하는 경험을 한번 더 비용을 지불하여 구매하는 현상들이 나타나기 시작했다. 예전에는 저축을 했다면 현 2030 세대는 여행을 한 번 더 간다는 것이 철학이 되었다. 그렇게 2030 세대는 자신들의 현재와 과거 그리고 미래에 대해 현재의 자리에 멈춰서 두리번거리며 생각에 잠기기 시작했다. 부모님 세대들이 경험해야 했던 역사적 사건들 그리고 그에 따른 사회적 여건과 그 여건이 바꿔버린 세대 간의 공유기억, 그리고 삶의 지향점, 그 지향점과 살아온 방식이 현재를 살아가는 청년 세대에게도 과연 맞는 방식인지 우리 모두가 함께 대립의 시선에서 벗어나 머리와 마음을 맞대고 고민해야 할 때이다. 너무도 빠르게 바뀌어온 그리고 현재에도 더 빠른 속도로 모든 것들이 변해가고 있는 이 시점에서 지난 방식이 과연 현

세대에게 긍정적으로 작용해 나갈 수 있을지의 여부는 미지수이다. 부모님 세대분들께서는 자신들이 경험해야 했던 모든 것들과 그 경험들 속에서 자신들이 이룩해온 것들이 얼마나 큰 업적이며, 사회에 얼마나 큰 변화를 일으켰고, 그 변화의 등속운동이 형태만 다르게 얼마나 빠른 속도로 현재까지 진행되어가고 있는지 역사적 맥락을 이해해주실 필요가 있다. 시대 배경은 너무도 빨리 변해간다. 이는 나보다 부모님 세대분들께서 더욱 크게 가까이서 이미 체감하신다고 말씀하시고 계신다. 시대가 빠르게 변하는 만큼 청년 세대들의 삶을 살아가는 사고방식과 방법 역시 당연히 변하는 것이 순리이다. 그 과정에서 수많은 시행착오와 진통이 뒤따르게 된다는 것을 부모님 세대 역시 뼈저리게 경험했다는 것을 역사가 보여준다. 이에 현존하는 사회 갈등에 대해 우리가 조금만 더 서로를 가까이 들여다본다면 우리는 서로를 이해하고 또 그 부모에 그 자식이라는 말이 있듯, 부모님 세대분들께서 각자의 역경을 힘있게 돌파해오셨듯이, 우리의 청년 2030 세대도 역시 부모님 세대를 이어 그 역경과 고난들을 보기 좋게 돌파해 낼 것이라고 믿어 의심치 않는다.

그렇다면 청년들은 자신들의 삶을 되돌아보면서 그리고 현재와 미래를 그려보면서 어떠한 것들을 찾아내고 깨달을 수 있었을까? 과거의 우리를 보면 현재의 우리가 보이며, 현재의 우리를 보면 미래를 예측할 수 있다고 했다. 그리고 많은 것들을 돌아보면서 지금까지는 놓치고 있었거나 생각하지 못했던 것들을 찾아내게 된다. 과연 2030 세대는 무엇을 깨닫고 찾아낼 수 있었을까? 함께 이 과정을 논의하고 한반도의 미래를 예측해보고 청년 세대의 미래를 계획해 나가기 위해 노력하는 청년들과 공유했던 생각들을 중심으로 그 세부적인 부분들을 들여다보고자 한다.

'한 번 태어나서 처음으로 살아보는 삶'

세대 갈등을 주제로 한 논의와 각자의 삶을 돌아보면서 나눴던 대화들 속에서 가상 많이, 공통적으로 거론되었던 것은 현재 살아가는 사람들 모두가 '한 번 태어나서 처음 살아보는 삶'이라는 것이었다. 말 그대로 우리에게 매 순간은 '처음'이다. '시간'이라는 개념 속에서 이 순간이라는 '지금'이 모두 처음 맞이하는 순간이라는 것 앞에 우리 모두가 동등해진다. 스티븐 호킹과 같은 학자들이 '시간'의 역사에 대해 연구하고 물리학을 공부해 그 원리를 밝혀내기 위해 노력하고 있지만 우리는 여전히 '시간'이라는 개념 혹은 원리, 법칙 속에서 태어나고 살아가며, 생을 마감한다. 그리고 자연스럽게 다음 질문으로 넘어가게 되었다.

"한 번 사는 생, 어떠한 삶을 살아야 내 나름
좋은 삶을 살았다고 죽기 직전 생각하게 될 것인가?"

희극 배우 찰리 채플린이 남긴 말은 이미 너무도 유명하다. "삶은 가까이서 보면 비극이지만 멀리서 보면 희극이다."라는 말을 남겼다. 위의 질문과 이 말은 동일 선상에 있다고 생각한다. 우리 모두 혹은 대다수가 표면적인 가치보다는 본질적인 가치를 위해 살고 싶어하며, 이를 위해 어떻게 살아가야 하는지에 대해 평생을 고민하게 된다. 현 시점에서 2030 세대, 혹은 청년 세대가 이 질문에 대해 가장 큰 고찰을 하고 있다고 생각한다. 평균 수명 100세 시대가 올 것이라고 혹은 이미 가까이 와있다고 의학적으로 논의되며, 이제 두 번째 직업 혹은 부업이라는 'Second Job'이라는 키워드까지 등장했다. 생물학적 요소가 변화하면서 하나의 직업으로는 살 수 없다는 이야기까지 나오고 있다. 그리고 취업을 계획하고 있는 혹은 취업 준비 중인 청년들과 함께 이러한 직업에 대한 이야기가 나오면 항상 나는 무엇을 좋아하며, 내가 어떤 일을 할 수 있는지에 대한 고민을 서로 공유하고는 한다. 내가 무엇을 하고 싶은지 혹은 무엇을 좋아하는지를 찾은 청년들이 있는 반면, 더러는 아무리 많은 일들을 경험해봐도 자신이 어떤 일을 좋아하는지 모르겠다는 청년들이 있다. 또한 현재 하고 있는 일을 평생 직업으로 해나갈 생각만 하면 앞이 깜깜하다는 청년들도 다수 있다. 이러한 친구들 중에는 부모님께서 혹은 사회적으로 촉망받는 직업을 가지면 인생이 행복해질 것이라고 배우고 생각하며 살아왔는데, 막상 이루고 보니 전혀 그렇지 않다는 말을 하는 경우가 다수이다. 이러한 청년들은 여전히 스트레스를 받으며, 현실적인 요소 때문에 버티며 일을 해나가는 경우와 과감하게 일을 그만두고 자신이 무엇을 원하는지 찾아 떠나는 부류로 나뉘는 것이 대체적인 현상이라고 한다. 이처럼 이전 세대분들과는 다르게, 단순히 구직과 생계유지의 측면에서만 현재를 살아가고 미래를 꾸려나가는 시기는 지나가고 조금 더 내 자신이 어떻게 하면 조금 더 본질적으로 가치있는 삶을 살아갈 수 있을지에 초점이 맞춰져가고 있다. 그 과정에서 겪는 진통 역시 가치 있는 진통이라고 생각하며, 이 진통을 통해 조금 더 가치 있는 일을 찾아내고 자아를 스스로 찾아가며, 더욱 스스로가 본질적으로 만족하며 살아갈 수 있는 밑바탕을 닦아나가는 것이라고 생각한다. 다만 이전 부모님 세대분들의 관점에서는 이러한 과정들이 전혀 이해가 힘드실 수 있다.

"그 좋은 직장을 왜 때려치우는 거야! 하여간
요즘 애들은 간절함도 없고 약해서 문제라니까!"

청년들은 이 말을 도처에서 익숙하게 듣고는 한다. 전쟁으로 초토화된 국토와 국가 속에서 태어나, 가족들을 먹여 살리시고, 나라를 일으키기 위해 평생을 열심히 일해 오신, 그리고 한강의 기적을 이뤄내신 부모님 세대분들께서 저런 이야기를 하시는 것은 너무도 당연한 일일지도 모른다. 돈을 벌 수 있는 일이라면 어떤 일이든 마다하지 않고 해야 했던 시대를 살아오신 부모님 세대분들께서는 삶 그리고 구직의 초점이 모두 생계유지에 맞춰져 있었어야 했다. 고로 자신의 적성과 직업의 연관성에 대한 척도는 당연히 우선순위에서 밀릴 수 밖에 없었다. 그리고 그렇게 살아오신 결과 자녀 세대들의 삶의 질이 자신들의 유년기보다 조금 더, 아니 많이 나아진 환경에서 성장할 수 있게 해주셨다. 이러한 결과를 몸소 체감하신 부모님 세대분들께서는 이러한 청년들의 고민과 결정이 전혀 이해가 되지 않으실 수 있다.

하지만 현재 진행되고 있는 청년들의 고민들과 선택들은 이제 사회가 다음 단계로 나아가는 과정이라고 생각한다. 부모님 세대분들께서 일구어 오신 사회 속에서 그 자녀 세대들은 더 이상 부모님 세대가 어쩔 수 없이 하셔야 했던 선택들을 조금이나마 하지 않을 수 있게 되었다. 안타까운 역사 속에서 '선택'이라는 맥락조차 없으셨던 부모님 세대분들은 자녀들, 가족들을 위해 인생을 받치신다는 마음으로 일하셔야 했고, 모두가 함께 그러한 시대정신을 지니고 일하셨기에 현재의 대한민국을 이룩할 수 있었다. 이제 그 기반을 발판으로 자녀 세대인 청년 세대는 그 다음으로 우리 사회가 이룩해야 할 것이 무엇인지를 스스로가 찾아나가고 있는 것이다. 이제 부모님 세대 분들께서 현실적인 여건 때문에 생각하실 수 없으셨던 요소들을 청년 세대가 찾아 보충하고 보완해나가고 있다. 한 번 태어나서 무엇을 하며, 어떻게 인생을 살아나가야 하는지에 대한 고민을 생계유지의 초점에서 자이 실현의 깊이까지 더욱 깊게 고찰할 수 있게 된 것이다. 물론 청년 세대 전체를 일반화할 수는 없으며, 어느 세대마다 현재에도 정말 힘들고 소외된 사회구성원들이 존재한다. 그렇지만 그래도 조금 더 나은 환경에서 고민하고 나아갈 수 있는 환경을 조성해주시고 역경을 돌파해 나갈 수 있는 방법을 가르쳐 주시고 몸소 보여 주신 부모님 세대분들을 잊어서는 안 된다는 것을 재차 강조하고 싶다. 또한 부모님 세대분들께도 부탁드리고 싶다. 현재 고민하고 진통을 겪고 있는 청년 세대에게 한탄과 꾸지람보다는 한마디의 격려가 더욱 상황 개선에 큰 원동력이 되리라고 생각한다. 현 청년 세대 역시 부모님 세대의 피를 물려받은 자녀들이다. 역경을 극복해 나갈 수 있는 끈기와 능력이 내재되어 있으며, 교육 수준 또한 그 어느 세대보다 높아 그 기반 또한 국제 무대에서 전혀 뒤처지지 않는다는 것을 모두가 알고 있다. 그리고 가장 중요한 것은 현재 청년들이 하고 있는 각자의 고민들이 가치 없는 소모적인 고민들이 아닌, 모두 사회가 앞으로 나아가는 과정이라는 것을 부모님 세대분들께서 꼭 알아주셨으면 한다. 부모님 세대분들은 이미 알고 계신다. 자신들에게는 주어지지 않았던 선택권과 자신들이 살아야 했던 환경을 자녀 세대들이 경험하지 않게 하기 위해서 그렇게 열심히 살아오셨다는 것을. 하지만 그 환경에서 작용했던 요소들을 청년 세대에게 그대로 대입하거나, 당시에 부모님 세대께서 돌파해오신 역경이 한순간에 일어난 것이 아님에도 불구하고 현재 진통을 겪고 있는 청년들에게 부정적인 시선을 보내주시는 것이 너무도 안타까운 현상이라고 생각한다. 역사적으로 봤을 때 매번 크나큰 역경을 이겨내고 지금의 대한민국을 이룩해 내신 선대들을 보고 배우며 성장한 청년 세대에게 믿음을 주시고 격려의 한마디를 보내 주신다면 청년들 또한 이 역경을 보기 좋게 이겨내어 청년 세대가 자녀 세대들을 위해, 사회의 미래를 위해 갖춰나가야 하는 것들을 스스로 갖춰나가리라 믿어 의심치 않는다.

청년들 또한 가는 길에 있어 여러 풍파가 있을 것을 명심해야 한다. 그래도 청년들은 결코 멈추지 않을 것을 우리 모두가 알고 있다. 단순히 끈기와 현실의 상황에서 역경을 벗어내기 위한 몸부림이 아닌, 현 청년 세대에게는 열정과 재능을 발휘할 수 있는 플랫폼들이 많이 있다. 자신들이 진정으로 원하는 것을 찾아 나가면서 열정적으로 몰두해 간다면 어느 순간 뒤를 돌아봤을 때 자신이 목표했던 것보다 더 많은 것들이 이루어져 있을 것이라고 생각한다. 그리고 돈과 명예보다 조금 더 나아가서 자녀 세대를 위해 무엇을 이룩해 낼 수 있을지, 그리고 내가 생을 마감할 때 어떤 가치관을 안고 살아왔는지 생각했을 때 모두가 조금 더 본질적인 가치를 품고 살아왔다고 생각할 수 있는 삶을 살 수 있기를 감히 당부하고 싶다. 지금 시점에서 우리 모두를 위해 사회에 필요한 요소가 무엇인지, 그리고 크고 긴 역사의 지표 속에서 자녀 세대를 위해 우리 세대가 어떠한 가치를 물려줄 수 있을지를 생각하며 살아갔으면 한다. 선대 분들께서 우리에게 이런 고민을 할 수 있는 여건을 형성해주셨다면 우리는 조금 더 나아가 어떠한 가치를 이룩할 수 있는지를 함께 고민해보자. 현재 겪고 있는 수많은 진통들이 훗날 자녀 세대에게도 부모님 세대가 겪었던 것들에 대한 교훈이 될 것이다. 고단한 현실 속에서 오늘도 역시 현재와 미래를 위해 고민하고 있을 동료 청년들에게 격려의 말과 박수를 건내고 싶다.

한반도의 역사 속 청년 세대의 위치

　많은 분들께서 대화를 나누다 보면 왜 역사를 전공했는지와 함께 왜 남북관계 분야를 선택했는지 거의 100퍼센트의 확률로 질문해주신다. 처음 남북관계를 접했을 때부터 지금까지 그 이유에 대하나 큰 맥락은 변함이 없었던 것 같다. 어렸을 때부터 아버지와 역사와 사회의 관련된 이야기를 자주해 오면서 하루는 전쟁에 대한 이야기를 나눈 적이 있다. 아마 6살 무렵이었다. 아버지께서는 그때 김일성이라는 사람에 대해 처음 이야기해주셨다. 한국은 약 3년여간 전쟁을 지속해왔으며, 지금도 분단 상태에 놓여있다는 것을 말씀해주셨다. 그 기억이 무슨 이유인지 모르겠지만 여전히 뚜렷하게 남아있다. 또 남북관계를 접할 수 있게 해줬던 독특한 이유는 내가 기차를 좋아했었다는 것이었다. 은퇴하신 할아버지께서는 손자와 함께 기차여행을 많이 데리고 다니셨다. 그러면서 자연스럽게 내렸던 종착역이 임진각이었다. 신촌 기차역에서 기차를 타고 임진각에서 내렸다. 임진각에 가는 것을 유난히 좋아했다. 왜냐하면 임진각에는 전시되어 있는 경의선 증기기관차를 볼 수 있었기 때문이었다. 그렇게

국제 비정부기구 Liberty in North Korea 활동 사진

자연스럽게 임진각에 부서진 다리의 기둥이 남아있고 건널 수 없는 다리가 연결되어 있는지, 증기기관차는 왜 전시가 되어 있는지를 알 수 있게 되었다. 내가 개인적으로 남북관계를 처음 접하고 알아가기 시작했던 순간이었다. 그리고 그렇게 캐나다 유학 당시에 캐나다 한국전쟁 참전용사를 만났던 일을 비롯해 참여하거나 개최했던 각 학술대회에서 나왔던 남북관계에 대한 논의들 그리고 미디어와 실제 남북관계의 변화를 통해 직간접적으로 경험할 수 있었던 기억들이

현재의 내 선택에 큰 영향을 주었다고 생각한다.

　　정리해보자면 어렸을 때부터 남북관계에 대해 알아갈 수 있도록 경험할 수 있게 해주셨던 아버지와 할아버지가 계셨다. 그리고 역사를 전공하게 되면서 결정적으로 남북관계의 진전을 위해 조금이라도 이바지할 수 있다면 좋겠다는 생각을 했었다. 앞서 언급했듯이 내가 역사학을 전공하기를 바라셨던 아버지께서 어릴 적부터 역사에 대한 여러 경험과 대화를 나누기 위해 꾸준히 노력해오셨고 영화처럼 실제로 역사학과에 진학하게 되었다. 그리고 역사학과에 진학해서 역사가 무엇인지, 그리고 현재 우리는 역사의 관점에서 어느 지점에 서 있는지, 우리의 조상들은 어떠한 삶을 살아왔고, 인간의 본성은 무엇이며, 현재 우리는 어떠한 모습을 하고 어떠한 삶을 살아가고 있는지에 대한 고민을 많이 할 수 있었다. 역사학과에서는 단순히 지식을 배우는 것이 아닌, 어떻게 살아갈지를 결정하는 선택에 순간에서 세상에 대한 보지 못했던 것들을 보는 시야를 깨우쳐주고, 그리고 생각하지 못했던 것들을 생각할 수 있도록 해주었으며, 조금 더 가치있는 선택을 할 수 있도록 도움이 되는 것들을 배울 수 있는 전공이었다. 어떻게 삶을 살아갈지에 대해 돌아보게 하고, 선택의 기로에서 조금 더 본질적으로 가치 있는 선택을 할 수 있는지에 대해 강요하는 것이 아닌 자신을 한번 더 돌아보고 결정을 할 수 있도록 뒷받침해주었다. 여담이지만 개인적으로 역사를 비롯한 인문학을 공부하는 것은 삶을 살아가는데 있어 가장 기초적인 과정 중 하나이며, 이를 취업률을 기준으로 인원을 축소하거나 학과를 통폐합하는 것은 옳지 않다고 생각한다.

그렇게 많은 것들을 배우고 느끼며, 현재 내가 살아가는 이 시점에서 내가 속한 세상, 터전은 어떠한 곳이며, 그곳에 서 있는 나는 어떠한 위치와 역할을 하고 있는지에 대해 학부 내내 고민해왔다. 그리고 내가 무엇을 했을 때 사명감을 느끼고, 어떤 일을 했을 때 보람을 느끼는지 역시 함께 생각해야 했다. 그 과정을 짧게나마 지금 공유해보고자 한다.

  나에게 가장 기억에 남는 수업은 두 분 은사님들의 조선 시대, 구한말, 일제강점기, 한국 현대사 그리고 그 외 서양사 교수님들의 제2차 세계대전과 나치즘, 냉전과 전쟁에 대한 과목들이었다. 조선 시대는 현재의 대한민국과 가장 가까운 시기이며, 현재 우리의 문화와 관념 속에 내재되어 있는 많은 것들이 조선 시대부터 거슬러 내려온 것들이 많다는 것을 알 수 있었다. 앞서 언급했지만 서울 역시 중심에는 경복궁이 위치하고, 이순신 장군과 세종대왕의 동상이 그 중심 과정에 우뚝 서 있는 것을 봐도 이미 외적으로도 우리 속에 많은 것들을 남겼다는 것을 알 수 있다. 우리가 사용하고 있는 한글 역시 조선 시대에서 시작되어 우리의 말이 되었으며, 현재까지 남아 있는 많은 유교적 요소들 역시 조선 시대에서 비롯된 것이라는 것을 알 수 있다. 그렇게 우리에게 많은 것들을 남겨준 조선 시대, 그 당시의 사람들은 어떠한 생각과 관념을 가지고 살았으며, 어떠한 일들이 있었고, 그 역사적 맥락 속에서 어떠한 삶을 꾸려왔는지를 배울 수 있었다. 역사를 배우면서, 특히 큰 역사적 맥락 속에서 개개인들이 어떠한 삶을 살아왔는지를 접하다 보면 현재 우리의 모습들이 많이 보인다고 생각한다. 물론 사회의 형태나 나타나는 경향은 조금씩 다를 수 있으나, 그 기저에 내재되어 있는 감성과 이성의 요소들을 들여다 보면 크게 차이가 없는 모두 같은 '인간'이라는 것을 알수 있었다. 신분제 사회에서 민중들은 어떠한 삶을 살았는지, 그리고 임진왜란, 병자호란 그 외의 수많은 혼란 속에서 사람들은 어떻게 삶을 꾸려야 했는지, 왕들은 개인의 가족사와 성장 과정에 따라어떠한 삶의 변화를 보였는지를 보면 모두가 '인간'이라는 것을 마지막에는 생각하게 되었던 것 같다.

그리고 대한제국기와 을미사변, 아관파천, 러일전쟁, 한일의정서, 을사늑약, 한일병합 등 그 외의 수많은 사건들이 있지만 소용돌이 치던 세계와 그 속에서 살아가야 했던 사람들 그리고 국운에 따라 완전히 달라진 사람들의 삶에 대해 배울 수 있었던 일제강점기는 개인적으로 삶을 살아가는데 있어 많은 것들을 느낄 수 있게 해주었다. 대한제국 말기와 일제강점기는 특히 전 세계가 요동치던 시기이다. 세계대전으로 유럽에서는 나치즘과 파시즘이, 동아시아에서는 일본이 연합국들과 싸움을 벌이며, 인류는 다시는 해서는 안 되는 실수를 경험하고 있었다. 그 소용돌이 속에서 대한은 일제의 식민지가 되어 36년간 사투를 벌여야만 했다. 우리는 이제까지 대체적으로 거시적 맥락의 역사를 배울 수 있었다. 안중근, 윤봉길 의사의 의거와 유관순 열사의 외침 등 수많은 독립운동가들의 독립을 향한 외침과 3·1운동과 같은 움직임에 대해 배울 수 있었다. 그리고 역사학과에 진학하여, 그 속에서 삶을 꾸리고 살아가야 했던사람들에 대해 배울 수 있었다. 그 속에서 살아가야 했던 사람들의삶은 앞서 몇가지 사례를 언급했던 것과 같이 우리가 미디어를 통해 접하는 일제강점기의 모습과 큰 맥락의 사건들만을 접했을 때보다 훨씬 더 심오하고 고달팠으며, 많은 것들을 느끼게 해주었고 더욱 놀라웠던 깨우침은 이러한 경험들을 하신 분들이 여전히 생존해 계시며, 우리의 조부모님, 증조부모님, 고조부모님의 이야기라는 사실에 너무도 마음 아팠고 이에 더욱 열심히 공부하고 과거를 되돌아보며 내 위치를 생각해보게 되었다. 사람들이 보고 느끼고 행복해하고 슬퍼하고 흐느끼고 기뻐하는 그런 살아온 모습들의 역사, 즉 인류의 역사를 돌아보면 그 기저에 내재 되어있는 감정과 이성 그리고 본능은 늘 크게 변화하지 않았다는 것을 깨달을 수 있었다. 자식에 대한 사랑, 배우자에 대한 사랑, 가족을 지키고자 하는 본능, 모성애, 형제애, 전우애 등 우리가 접하는 수많은 이야기들은 모두 인간이 감정의 동물이라는 것을 깨달을 수 있게 해주는 사례들이었다는 것을 알 수 있었다.

제2차 세계대전과 냉전 시기, 그리고 인류가 경험했던 수많은 전쟁들은 우리 속에 내재되어 있는 생존 본능 속 그 내부의 것까지 모두가 표출되게 만들었다. 말로 입에 담기도 어려운 생존하기 위해 본능과 부딪쳐야 했던 수많은 선택과 그 선택으로 인해 파생되어 발생한 사건들을 보고 또 그 일들이 집단적으로 발생했을 때 인류에게 어떠한 영향을 미칠 수 있는지를 우리는 두 눈과 두 귀로 똑똑히 보고 듣고 경험해야 했다. 이처럼 전쟁은 결코 일어나서는 안 될 일이었다. 그렇게 인류는 살이 갈라지고 뼈가 깎이는 경험을 집단적으로 해야 했다. 그리고 이를 방지하기 위해 인권이라는 것이 생겨나고 UN이라는 기구가 창설되어 국제사회 간의 약속을 하고 다시는 세계대전과 같은 일들이 발생하지 않도록 노력하고 있으며, 그 구조와 제도는 지금까지도 이어지고 있다. 그렇게 수많은 폭력과 살상, 그리고 살상을 위한 개발과 함께 두 개의 폭탄이 세계대전을 종결지었다. 조선은 일제로부터 자유로워졌다. 사람들은 광복을 외치며 거리로 쏟아져 나왔고 수많은 순국하셨거나 투쟁 중이셨던 독립운동가 분들의 꿈이 이루어지는 순간이었다. 하지만 기쁨도 잠시 한반도와 한반도민들은 더욱더 참담하고 암울하며 끔찍한 경험을 하게 될 것이라는 것을 아무도 모르고 있었다.

1943년 이탈리아의 항복과 함께 연합국의 지도자들은 함께 모여 전후 처리에 대한 문제를 놓고 회담을 열게 된다. 1943년 11월 모두가 잘 알고 있는 이집트 카이로에서 열린 미국, 영국, 중국의 카이로 회담에서 "적절한 시기에 조선의 독립을 보장할 것", "In due course, Korea shall become free and independent."라는 내용을 언급한다.

그다음으로 한반도와 연관되어 언급되는 회담은 얄타 회담이다. 소련 흑해 연안의 얄타에 미·영·소의 지도자들이 모여 독일의 패전과 그 관리에 방안에 대해 논의를 하기 위해 개최된 회담이다. 본 회담의 주요 내용은 소련의 대일전 참전에 대한 합의와 패전국과 새롭게 해방된 나라는 모든 민주 세력을 대표하는 임시정부를 설립하고, 자유 선거를 통한 정부를 수립하게 한다는 방침이 언급되었다.

그 이후 1945년 7월 이루어진, 독일의 항복과 유럽의 전후 처리를 위해 연합국 지도자들이 모여 개최한 포츠담 회담이 뒤를 이었다. 미·중·영·소의 대표들은 일본의 무조건 항복을 촉구하고, 그리고 카이로 선언의 모든 조항들이 발표되었던 것과 같이 이행되어야 한다는 포츠담 선언을 발표했다. 비로소 한반도의 독립이 보장될 것임을 다시 한번 확인할 수 있는 순간이었다.

하지만 미·영·소 외무장관회의인 모스크바 3상회의에서 한국에 미·소 공동위원회를 설치하고 일정 기간 동안 신탁통치를 행하는 것에 관하여 추후에 협의한다는 내용이 언급되었다. 그리고 미·소 공동위의 개최와 함께 시작된 좌우의 소용돌이는 분단의 시작을 의미했다. 결국 남쪽과 북쪽에 다른 선거가 치러지고 한반도 내에 두 개의 정부가 들어서게 되었다. 36년간의 일제 식민지배에서 벗어나자마자 한반도는 그 기쁨을 누릴 자그마한 시간도 없이 두 동강이 나버리는 비극을 맞이하게 된 것이다. 그 비극은 분단에서 끝이 아니었다. 이제 서로를 끔찍하고 처참하게 죽고 죽이는 전쟁이 한반도 민들 앞에 놓여있었다. 그렇게 전쟁은 서로를 찢고 또 찢었다. 모든 전쟁이 그렇겠지만 단순히 전쟁의 명분만이 전쟁 속에 작용하는 것은 아니다. 한국전쟁 또한 이념 뿐만이 아니라 그 이전부터 작용했던 이해관계와 불신 등 다각적인 요소들이 전쟁에 작용했다. 형제가 형제를 죽이고 서로를 미워하던, 혹은 원한이 있던 사람들은 전쟁이 그 기폭제 역할을 하여, 서로를 죽이는 명분이 되었고, 가족들은 헤어졌으며, 수많은 사람들이 죽고 실종되었다. 1950년 6월 25일 시작된 그 끔찍한 전쟁은 1953년 7월 27일 휴전하는 시각까지 지속되었다. 약 3년이 넘는 시간 동안 사람들은 육체뿐만 아니라 정신, 감성과 이성까지 갈기갈기 찢겨졌다.

　3년간의 전쟁, 그 고통과 정신적 트라우마는 이야기를 들어가며 간접적으로 감정 이입을 조금이라도 시도해봐도 불가능하다는 생각이 바로 밀려들었다. 이 정도의 말로 표현할 수 없는 고통의 장기적인 경험은 감히 내가 공감하기 위해 시도하는 것조차 용납이 안 된다는 생각이 들 만큼 깊고 뼈아픈 것이었다. 수많은 전쟁의 폐해를 보여 주는 미디어 콘텐츠와 필름들이 있지만 나에게 가장 많이 깊게 와닿은, 한국전쟁에 대한 물리적, 심리적 고통을 가장 잘 표현했다고 느꼈던 영화 '고지전'에서 가장 기억에 남는 대사들을 몇 줄 인용해 보고자 한다.

　　　　"나중엔 막 헷갈려, 같은 중대원인데
　　　그 새끼가 살았던가 죽었던가, 잘 모르겠어.
　　저기 막사에 들어가면 그 새끼가 있었나, 없었나."

　처음 이 대사를 접했을 때는 내 동료가 옆에서 포탄을 맞고 총에 맞아 죽어 나가는 것을 너무도 많이 보고, 동료뿐만 아니라 너무도 많은 사람들이 전쟁터에서 자신의 눈앞에서 죽어나가는 것을 본다면 실제로 이러한 현상을 경험할 수 있겠다는 생각이 들었다. "전쟁에 대한 트라우마를 필름 속에서 묘사할 때 이보다 더 현실적일 수 있을까?"라는 생각을 하며 영화를 봤던 기억이 있다. 이제 죽음에 대한 감각이 무뎌져 버렸고, 함께 있던 그 사람이 죽었

는지, 혹은 살았는지조차 헷갈리는 내 자신을 발견한다면 무슨 심
정일지, 혹은 나였다면 정상적인 사고가 가능했을지, 돌아보게 만
드는 장면이었다.

사람 아니야. 사람 진작에 다 죽었어!
3년, 그 시간에 사람이 살아남았겠어?
니가 전쟁을 알아?"

"니가 진짜 지옥을 알아? 남성식이, 그놈의 남성식이
어제도 죽고 그제도 죽었어.
그렇게 죽어 나간 남성식이 지금까지 수십만이야."

"다 이미 오래전에 죽었다는 생각. 나도 너도
우리 악어중대 모두, 그리고 2초(인민군 저격수)
저 아이도 아주 오래전에 죽었던 거야.
수많은 남성식이처럼, 그렇게 많이 죽여댔으니까.
당연히 지옥에 가야 되는데 여기보다 더
지옥이 없어서, 그냥 여기서 살고 있는 게 아닐까.
계속 사람 죽이면서."

개인적으로 소멸되어 버린 인간성에 대해서 직접적으로 생각해
본적이 없었다. 이 대사들을 마주했을 때, 전쟁의 경험에 대해서 내
가 감히 공감하려 하거나, 접근할 수 있는, 혹은 감히 접근해서는
안되는 영역이라는 것을 깨닫게 되었다. 사람을 죽이는 것에 대한
죄책감과 생존 본능이 부딪치는 순간, 부딪치면서 생겨나는 말로 표

현할 수 없는 극도의 스트레스와 공포 그리고 정서와 자아의 붕괴는 전쟁이 남겨가는 가장 큰 평생을 씻을 수 없는 상처로 남는다는 것을 알 수 있었다. 단순히 한 사람만의 문제가 아니라 전쟁을 경험한 모든 사람들, 참전용사분들을 비롯한 모든 전쟁 속에 속해져 살아가야 했던 이들에게 남겨진 이 상처를, 이 상처들을 입고 살아와야 했던 한반도민들을 누가 치유해줄 것인지, 과연 이 상처가 치유될 수 있는 상처인지 고찰하게 되는 시점이었다.

"전쟁에서 이기는 건 사는 거라고 했어.
살아남는 거라고. 우리는 빨갱이랑 싸우는 게
아니라, 전쟁이랑 싸우는 거라고."

가장 머릿속에 강하게 남았던 대사는 바로 이 대목이었다. 고지전은 휴전협정이 체결되기 전 한 뼘의 땅이라도 더 차지하기 위해서 사투를 벌인 전투 중 하나이다. 한국전쟁은 약 3년 동안 계속되었다. 이제 심리와 본능 속에서 '적'이라는 개념이 아닌, 생존 본능만 남아 왜 싸우는지, 싸우는 것이 적과 싸우는 것인지, 전쟁과 싸우는 것인지에 대해 의식이 흐려지고 결국 생존하기 위해 몸부림치는 상태가 되어 연명하고 있는 것이다. 빨갱이와 싸우는 게 아니라 전쟁이랑 싸운다. 그리고 살아남는 것이 전쟁에서 이기는 것, 전쟁 속에 흡수되어 살기 위해서 어쩔 수 없이 방아쇠를 당겨야 하며, 그 속에서 본능적으로 생존하기 위해 어쩔 수 없이 몸부림쳐야 했던 병사들의 마음과 심적 스트레스를 보여 주는 부분이었다.

"3년 전에 의정부에서 네가 그랬잖아.
니들이 왜 지는지 아냐?
싸우는 이유를 모르기 때문이다."

"싸우는 이유가 뭔데?
내래, 확실히 알고 있었어.
근데 너무 오래돼서 잊어버렸어."

영화의 마지막 장면이다. 국군과 인민군이 전투가 끝난 뒤 둘만 생존하여 담배를 나눠 피며, 과거의 일을 회상하는 모습이다. 과거에 국군이 포로가 되었을 때 인민군 장교가 너희는 왜 싸우는지 몰라서 지는 것이라고 말했던 것에 대해 국군이 다시 만나 그때 당신이 그렇게 말했었는데, 그럼 이제 답을 물어보자며, 왜 싸우는 건지 물어보는 장면이다. 그렇게 인민군은 확실히 알고 있었지만 너무 오래돼서 잊어버렸다고 답변을 한다.

전쟁은 단순히 모든 것을 앗아갔다. 국토는 초토화되었고, 사회의 모든 구성요소는 말 그대로 박살 났으며, 군인과 민간인 구분할 것 없이 수많은 너무도 많은 사람들이 죽어나갔다. 폭력과 학살이 난무했고, 가족들은 찢어지고 헤어져 생사조차 알 수 없게 되었으며, 너무도 많은 고아와 이산가족이 발생했다. 군인과 민간인할 것 없이, 생존자들은 평생을 육체적 정신적 트라우마로 고생하며, 떠올리기조차 힘든 기억 속에서 살아가야 했다.

더욱 놀라웠던 것은 이러한 역사를 배우면서 사건 자체만으로도 너무도 끔찍한 간접 경험이었으며, 이러한 일이 다시는 일어나서는 안 된다는 생각을 한 뒤 연표를 쳐다봤을 때였다. 1950년에서 1953년은 지금으로부터 약 72년 전의 일이었다. 이 엄청난 일이 너무도 얼마 전의 일이었기에 경악을 하지 않을 수 없었다.

그렇게 짧지만 짧지 않은 20대의 4년이라는 시간을 역사학을 공부하면서 보냈다. 그 뒤로 완벽하게 분단이 되어 남북 각자의 현대사가 시작되었고 그렇게 산업화와 민주화를 거쳐 현재의 대한민국 속에서 나는 2030 세대로서 살아가고 있다는 것을 깨닫게 되었다. 이렇게 근 100년의 한반도의 역사를 돌아보면서 태풍과 소용돌이쳤던 근 100년의 역사 속의 끝에 서 있는 기분이 들었다. 앞서 언급했듯이 여전히 일제강점기를 경험하셨고, 한국전쟁에 참전하시거나 전쟁을 직접 경험하셨던 분들께서 생존해 계신다. 전쟁이 일시 정지되어 있지만 그 뒤에도 남북의 역사는 오르막과 내리막을 경험해야 했고 지금 현재 이 시각에도 한일관계와 남북관계는 현재 진행형이라는 것을 깨달을 수 있었다.

정리하자면 한반도민들은 일제의 식민 지배, 분단과 전쟁을 경험하면서 집단적으로 물리적, 정신적 트라우마들을 공유하게 되었다는 것을 알 수 있었다. 또한 이 사건들의 가장 중요한 포인트는 이 트라우마들은 완치되지 못한 채 사회에 여전히 좋지 못한 영향들을 직간접적으로 끼치고 있다는 것이다. 고로 나는 그 근원들에 대한 공부와 경험을 통해, 사람들이 공유하고 있는 트라우마들을 치유하는 일에 기여하는 사람이 되어야 겠다는 결심을 했다. 현재 한반도

2030 세대 역시 전쟁이 일어나서는 안 되는 것이라는 것을 너무도 잘 알고 있다.

에 가장 뿌리깊게 박혀있는 문제 두 가지 중에서 2030 세대가 직간접적으로 포탄 소리를 경험하고 현재에도 오르막과 내리막을 반복하고 있는 남북관계가 트라우마들의 영역 중 큰 비중 차지한다는 것을 깨달을 수 있었다. 역사 전공이라는 계기를 발판으로 '본질적인 평화'라는 목표 아래 남북관계에 기여할 수 있는 인재로 거듭나는 것을 목표를 세우게 되었다. 본 과정들이 곧 내가 왜 남북관계 분야에 관심을 갖고 뛰어들게 되었는지에 대한 답변이다.

이러한 결심과 함께 어떻게 해야 내가 목표하는 것에 조금이라도 더 가까워질 수 있을 것인가에 대해 늘 고민했다. 사실 목표와 포부는 거창하나 근 100년간 사회에 고착되어 온 문제의 해결에 기여할 수 있다는 것 자체가 너무도 어려우며 거대한 일이라는 것을 당연히 알고 있었기에 그만큼 많은 고민을 했던 것 같다. 20대에는 최대한 많은 것들을 경험하고 최대한 많은 사람들의 경험담과 생각을 듣고 내 생각을 정리하는 과정이 필요하다고 생각했다. 아직 너무도 어린 나이이기에 아는 것도, 경험한 것도 너무도 적다는 생각이 들어 동료 청년들과 관련 분야 실무자분들, 전문가분들의 이야기를 최대한 많이 듣기 위해 가능한 한 많은 분들을 만나기 시작했다. 그렇게 많은 분들과 만나 남북관계 분야의 과거와 현재 그리고 미래에 대한 이야기를 듣고 동료 청년들과 함께 논의하고 나눴던 생각들에 들을 글로 정리하고자 했다. 전문가 분들과 실무자 분들의 이야기 그리고 동료 청년들의 남북관계와 한반도의 미래에 대한 자신들의 생각에 대해 독자 분들과 함께 고찰해 보고자 한다. 그리고 현재 존재하는 2030 세대와 남북관계에 관련하여 이슈가 되고 있는 질문들에 대해 함께 논의했던 것들을 기반으로 나름의 답변을 제시하고자 한다. 이제까지 만났던 청년들과 논의했던 청년과 남북관계에 대한 어젠다들과 비전들을 공유하고 독자분들의 생각을 들어보고자 한다.

청년 세대가 바라보는
한반도와 남북관계의 미래

청년 세대와 남북관계. 이미 정치권을 비롯하여 사회에서 너무도 많이 논의되어온 주제이자 키워드이다. 다만 두 개의 단어는 사회적으로 이질적인 단어가 되어 버린지 꽤 오래이다. 보통 부모님 세대분들께서 알고 계신 청년들과 남북관계에 대한 내용은 이러하다.

"청년들은 남북관계에 관심이 없다.
왜? 자신들이 먹고 살기 바쁘다고 느끼기 때문에
남북관계와 같은 이슈에는 관심을 가질 겨를이
없다고 이야기하기 때문이다."

지극히 사실이다. 나 역시도 주변의 많은 동료 청년들을 보면, 남북 분야에 목표를 가지고 있거나 이 분야를 진로로 선택한 동료들을 제외하고는 그렇게 크게 관심을 보이지 않거나 극단적으로는 우리가 왜 남북관계에 관심을 가져야 하는지에 대해 격분하며 질문을 하기도 한다. 보통 정치권이 남북관계에 대한 모든 업무를 수행

한반도청년미래포럼 설명회 사진

하는 것으로 알고 있거나, 그러기를 바라는 경우가 대다수이다. 혹은 조금의 관심도, 남북이라는 단어 자체도 듣기 싫어하는 청년들도 있다. 왜 청년들이 남북관계에 대해 이러한 사고방식을 갖게 되었는지 파악하기 위해서는 앞서 간략하게 언급했지만 다시 한번 면밀하게 근래의 상황을 되짚어보며 돌아봐야 한다.

지금은 코로나 팬데믹의 시대다. 얼마 전 전파력이 더욱 높은 오미크론까지 등장하여 방역 상황이 더욱 안 좋아지고 걷잡을 수 없을 정도로 사회의 모든 요소들이 코로나로부터 고통을 더욱 심하게 호소하고 있다. 혹성탈출과 같은 지구 재난 영화 속에서나 볼 수 있었던 그 모습을 우리는 인지할 수 있는 모든 정신과 육체로 강제로 체감하고 있다. 인구 포화 상태인 지구에서 인구를 감소시키기 위한 전략이라는 음모론까지 나올 정도로 전 세계적으로 수많은 사람들이 가족과 친구, 동료들을 잃었다. 각자의 방식으로 팬데믹에 대처해 나가기 위해 각 국가들은 노력하고 있지만, 현재까지 입은 피해와 예측 불가능한 바이러스와의 전쟁 양상은 지구인들을 더욱 절망 속으로 빠뜨렸고 이제 사람들은 하나, 둘씩 지쳐나가고 있다. 대한민국도 이를 피해 갈 수 없었다. 대한민국 내의 양극화 상황은 그 어느 때보다도 심각한 상태였다. 현재에도 그러하다. 지금까지 존재했던 정치, 경제, 세대, 젠더 갈등과 그 외의 수많은 소모적인 갈등으로 사회는 이미 그 통증을 호소하며 분단되어가고 있었다.

그 혼돈과 통증 속에서 코로나 바이러스가 등장했다. 코로나 바이러스는 사회를 더욱더 극단으로 몰고 갔다. 방역을 위한 국가의 어쩔 수 없는 조치는 사회는 더 큰 혼란 속으로 빠져들었다. 역사 교과서 속에서나 배우던 통금을 우리는 통금이 아닌 방역이라는 명칭 아래 경험하고 있으며, 9시가 되면 민족대이동이라도 하듯 모두가 거리로 쏟아져나와 귀가를 하는 관경이 벌어지고 있다. 지속적으로 변화하는 N명 이상 집합 금지가 더해져 자영업자분들을 비롯한 수많은 사회 구성원들이 생계에 위협을 받으며 스스로 생을 마감하는 일까지 발생하고 있다.

코로나 바이러스는 사람의 몸뿐만 아니라 사회 구성요소들 또한 병들게 했다. 특히 방역으로 인해 국민들이 견뎌야 하는 경제적 타격은 너무도 그 정도가 심각했다. 특정 산업이나 업계만을 망가뜨리는 것이 아닌 사회 구성 요소 전체에 악영향을 주었다. 바이러스는 그 유형을 가리지 않았다. 작은 개인부터 대기업까지 모두를 휘청거리게 했다. 제조업, 관광산업 아니 사회를 구성하는 모든 산업에 그 피해가 파생되어 이를 악물고 버티고 있는 것이 현실이다. 결국 기존에 존재하던 갈등들과 생존이라는 요소가 결합되어 사회는 더욱더 양극화 되어갔고 살기 힘들어져 가는 사이 사회 속 예의와 존중은 사라져갔으며, 서로가 생존하기 위해 불안 속에서 더욱 심하게 다투기 시작했다.

더욱 무서운 것은 코로나 바이러스가 입힌 제도적, 경제적, 그 외의 수많은 피해들로부터 파생되어 나온 2차 피해가 전혀 예상하지 못했던 분야에서까지 나타나기 시작했다는 것이다. 격리로 인한 우울증 발생, 가정 폭력의 증가, 마스크 착용으로 인해 언어를 습득해 나가는 과정에 있는 유아들이, 입 모양을 통해 언어를 인지하는 능력을 습득하지 못하는 현상까지 나타났다. 코로나는 우리의 신체 내부뿐만 아니라 개개인의 시간과 행동반경, 그리고 인류의 생물학적, 사회학적, 아니 인류의 사회 구성 요소 전체에 침투해 초토화 시켜왔다. 미시적 단위로 접근하여 사회 구성원 개개인들의 사례들을 들다 보면 밀려오는 절망감과 무기력감, 사태 수습의 조급함에 대한 심리적 압박감이 배로 밀려오는 것이 현실이다.

청년들 또한 코로나에 대한 피해를 정면으로 맞이해야 했다. 국가의 가장 큰 과제인 청년취업과 결혼, 출산율과 관련된 안건들을 앞으로 어떻게 해결해 나갈 것인지 그 실마리를 찾아 나가기 더욱더 힘든 상황이 되어가고 있다. 코로나로 인해 이전에도 심각한 취업난을 겪던 청년들에게 일자리 찾는 일은 더욱 힘들어졌고, 청년층 대다수가 생계유지에 대해 더욱 깊이 걱정을 하고 있다.

집값 폭등으로 인해 청년들의 자그마한 집 마련에 대한 꿈 또한 사라져 버렸고 신혼과 육아에 대한 꿈은 역시 집 마련의 꿈과 함께 소멸되어 버린지 오래다. 부모님 세대 때와는 다르게 열심히 노력해도 이루어낼 수 있는 것이 없거나 너무도 적다는 현실에 청년들은 집단적으로 무기력감과 절망감을 느끼고 있다. 청년들의 생존형 주식시장 유입과 복권 구입, 명품 소비가 증가했다. 사라져 버린 희망 속에서 엎친 데 덮친 격으로 기존에 존재하던 세대 간의 갈등은 청년들의 상처를 더욱 깊게 파고들었다.

위의 글을 써 내려가면서도 너무 많이 힘들었다. 깨진 도자기 파편처럼 도처에 놓여져 있던 사회 현상들을 정리하며 나열해나가면서 너무도 처참하고 어떻게 이 상황을 사회구성원들이 모두 함께 해결해 나가야 하는지 막막하다는 생각이 앞서 들었다. 이러한 상황 속에서 청년들에게 남북관계를 논하자고 이야기하거나 혹은 논해야만 한다고 강조하거나 강요하는 것은 무의미하며, 통일 인식에 오히려 좋지 못한 효과만을 불러올 것이라는 것을 모두가 알았으면 한다.

"요즘 애들 통일에 관심 없어."

위의 말처럼 청년들이 통일 이야기를 하면 부모님 세대분들께 자주 듣는다는 말들과 그 뒤에 함께 들려오는 꾸지람과 같은 조언들은 청년들의 통일인식 변화에 오히려 역효과를 일으키고 있다고 청년들 스스로가 생각하고 있다.

'청년과 남북관계'를 중심주제로 하여 줄곧 청년들의 입장과 생각을 대변하고 동료들과 함께 지속적으로 논의해 이러한 문제들에 대한 차선책들을 최대한 제시하고자 노력해온 나로서는 이 문제를 정말 0에서부터 분석하기 시작하여 정말 세부적인 부분까지 파고들어 사회구성원들이 가지고 있는 오해와 이 막연한 통념들을 깰 수 있는 움직임과 청년 어젠다들이 필요하다고 생각했다. 통일에 대한 청년들이 생각하는 남북관계에 대한 막연한 부정적인 인식과 의문점들에 대해 남북 분야에서 꿈을 키우는 동료 청년들이 청년들 나름의 납득 가능한 답변을 제시해줄 수 있어야 한다고 생각했다. 그리고 백지에 적어 내려가기 시작했다. 그렇게 마인드맵을 그려나가며 어떻게 하면 이 얽혀있는 복잡한 실마리를 풀어나갈 수 있을지를 동료청년들과 함께 고민했다. 이제 그 실마리의 첫 시작을 함께 독자분들과 풀어나가 보고자 한다.

한반도의 청년들이 움직이기 시작했다

　　너무도 암담한 현재의 사회 상황에 청년들이 무기력감과 절망감에 장기간 빠져있었다. 그러던 어느 순간 청년들의 태동이 시작되었다. 정치적으로도 관심이 없는 투표율이 낮은 연령층으로 불리며 늘 제 역할을 못한다는 평가를 받아왔던 청년 세대가 움직이기 시작했다. 이는 곧 남쪽 청년들만의 움직임이 아니었다. 우연의 일치였을까. 기술 발전으로 인한 북 내의 양상 변화 때문이었을까. 남북 내의 2030 세대가 동시에 태동하기 시작했다. 이러한 변화의 영향이 본격적으로 나타났다고 평가받았던 것이 지난 서울시장·부산시장 보궐 선거였다.

　　대한민국에서 '청년', '세대교체', '2030'이 사회적 관심사로 떠올랐다. 일자리를 얻고 결혼을 하고, 집을 장만하는 것에서 소외되었던 청년들이 그동안 억눌러 왔던 불공정한 현실에 대한 분노를 집단행동으로 표출하기 시작한 것이다. 청년들의 목소리는 서울, 부산 시장 보궐 선거라는 기폭제를 통해 정치뿐 아니라 각 분야에서

한반도의 청년들이 태동하기 시작했다는 증거들이 이곳저곳에서 나타나고 있다.

더욱 확장되기 시작했으며, 현재는 사회의 모든 분야에서 2030 세대가 키워드 및 가장 중요한 역할을 하게 될 연령층으로 기대를 모으고 있다.

　이준석 국민의힘 당 대표가 최연소 당 대표에 당선된 것 역시 그 기류의 한 부분을 보여 주었다. 이와 동시에 비교적 청년들의 관심 밖이었던 남북 문제도 공정과 인권이란 관점 때문에 주목을 받기 시작했다. 지난달 이준석 국민의힘 대표가 취임 후 첫 방문지로 대전 현충원을 찾아 천안함 희생 장병의 유족과 만나 또다시 눈물을 흘린 것에 대해 다수의 청년들이 그동안 가지고 있던 순국 장병들에 대한 국가의 예우 방식에 대해서도 이준석 당 대표가 정당 대표들로서 초당적으로 국가 차원에서 보여 주었어야 할 올바른 예우를 보여 주었다며 공감하는 모습을 보였다.

북한 역시 2030이 사회변화의 방아쇠라는 평가가 나오기 시작했다. 국내에서는 북한의 2030 세대를 '장마당 세대'라고 부른다. 고난의 행군 여파로 북한 내부에 시장경제가 형성됨에 따라 외부 문물을 쉽게 접하면서 자라난 1990년대생들을 일컫는 말이다. '장마당 세대' 청년들은 남쪽의 청년들과 다를 바 없이 방탄소년단의 음악을 듣고 뮤직비디오를 본다고 한다. 심지어 방탄소년단의 춤을 따라 추다가 북 당중앙의 정보기관이자 감시기구인 보위부에 적발돼 처벌되는 사례까지 보고되었다. 이러한 현상이 번지자 북한은 2020년 12월 한국과 미국, 일본 등 외부 영상물 유포자 및 시청 주동자를 최대 사형에 처하고 관련자도 최대 15년 노동교화형에 처하는 내용을 골자로 하는 '반동사상문화배격법'을 제정했다. 그리고 지금까지 실제로 유포 및 시청이 발각돼 처형을 당한 케이스들이 보고되기도 했다. 장마당 세대가 북한 정권의 만행에 정의를 기치로 저항하는 세대로 떠오르고 있는 것이다.

이처럼 남북 모두 청년 세대가 '긍정적 변화의 주역'으로 떠올랐고 현재까지도 그 영향력을 확장시키며 사회에 긍정적인 바람을 일으키는 집단이 되었다. 우연일지 모르겠으나 남북의 청년 세대가 동시에 이렇게 세대 교체, 정의와 정당한 권리를 위한 몸짓이라는 긍정적인 변화의 물결을 동시에 일으키고 있다는 것은 세대교체와 변화가 중요한 안건으로 논의되고 있는 현 한반도의 시점에서 좋게 평가받을 만한 신호탄이라고 생각한다. 체제나 이념이 아닌 문화와 변화에 대한 열망이 남북 청년 세대의 이질감을 해소해 주며 공정이라는 가치가 이들을 결속해 주고 있다. 앞으로 어떠한 변화가 생겨날지 그리고 그 결말이 어떻게 될지는 아무도 모른다. 하지만 부모님 세대 때와 그리고 한반도의 역사를 돌아봤을 때 고난이 닥쳐왔을 때마다 맞서 싸우거나 변화를 위해 일어섰던 한반도민들의 기지가 다시 한번 발휘되는 것 같아 기대를 걸어볼만 하다고 생각한다. 선대들처럼 긍정적인 변화의 주역들로 성장할 수 있도록 동료 청년들, 뒷받침해주시는 부모님 세대분들 그리고 수많은 사회구성원들과 함께 이 길을 만들어 나갈 수 있을 것이라 생각한다.

그렇게 남북의 청년 세대가 급부상했다. 축구선수 손흥민 선수의 국제적인 영향력, 방탄소년단의 국제적인 영향력 역시 한반도 아니 전 세계적으로 청년 세대가 자신들의 목소리를 높이는 것에 이바지를 해주었다고 평가받기 시작했다. 앞서 언급했던 바와 같이 방탄소년단의 청년 세대를 향한 UN 연설과 손흥민 선수의 긍정적인 영향력이 호평을 받고 있는 것이 그 증거이다. 이제 부모님 세대분들께서도 청년들에게 귀를 기울이며, 잠재력을 키워주시기 위해 함께 노력해주시는 분들이 늘어나기 시작했다.

이처럼 한반도의 청년들이 태동하기 시작한 시점에서 남북관계 분야에 관심을 두고 활동하는 같은 청년 세대로서 청년 세대에게 남북관계와 한반도의 미래란 무엇을 의미하는지에 대해 고찰했

남북관계의 본질적인 평화를 위해 노력하는 청년들은 매일 공부하고 노력하고 있다.

다. 그 과정에서 두 부분의 고려 요소가 존재한다는 것을 알 수 있었다. 하나는 현실적으로 왜 청년 세대가 남북관계의 끈을 놓아서는 안 되는지에 대한 안건들과 또 하나는 청년들이 알고 있는 남북관계에 대한 요소들이 너무도 적으며, 그로 인해 파생되어 오는 막연한 이질감과 생겨나는 의문점들이 존재한다는 사실이었다. 고단한 현실에 지쳐 남북관계에 대한 이슈뿐만 아니라 사회의 부정적인 이슈에 대해서는 되도록 피하려고 하는 청년 세대들의 딱한 심적 상태를 고려하고자 했다. 어떻게 하면 태동하기 시작한 한반도 청년들의 기류를 통해, 청년 세대가 현실적으로 간과할 수 없는 가장 중요한 안건인 남북관계에 대해 최소한 귀를 기울이며, 더 나아가 관심을 가지고 꿈을 키울 수 있는 구성원들이 많아질 수 있도록 할 수 있을지를 고민했다.

현실적인 부분만을 강조하며 관심을 강요하는 것은 오히려 역효과가 난다는 것은 이미 증명이 된 상황이다. 고로 가장 우선적으로 청년들을 비롯하여 사회구성원들에게 기존에 늘 이슈화가 되거나 논의가 되었으나 그 누구도 세부적이고 자세한 답변을 제시해 준 적이 없는 청년 세대와 사회구성원분들께서 가지고 계신 통일과 남북관계에 대한 막연한 의문점들에 대해 누군가는 모두가 납득 가능한 혹은 적어도 긍정적으로 고려해볼 수 있는 여건을 만들어 줄 답변과 시사점을 제시해주어야 한다고 생각했다. 그렇게 우리가 남북관계와 통일에 대해 알지 못하는 부분들과 궁금해 했던 부분들을 적어 내려갔고, 답변을 써 내려갔다. 새로운 방안들을 모색해 내기 위해 노력했다. 전문가, 실무자분들과 이야기하며 들을 수 있는 최대한 많은 데이터와 실무 경험담, 전문적인 분석들을 참고하고 청년들과 사회구성원분들께서 남북관계에 대해 어떠한 부분들을 회의적으로 느끼시는지를 함께 분석했다. 그리고 현재 사회 내에 통념적으로 보편화 되어 있는 남북관계 및 통일에 대한 관념들에 대해 고찰해 새로운 청년 어젠다를 형성해내고 전달하기 위해 노력했다. 역사학을 전공한 탓일까. 어떻게 될지 모르지만 그렇게 논의하고 생각했던 것들을 무작정 글로 써 내려가 가기 시작했다.

성인이 되고 나서부터 머리가 복잡할 때마다 도처에 기록을 남기는 습관이 생겼었다. 청년과 남북관계 그리고 한반도의 미래를 생각해 나가는 과정도 예외가 아니었다. 그렇게 줄 글로 내 생각들을 정리했다. 이러한 글들이 얼마나 사회적으로 공신력이나 설득력이 있을지는 의문이었지만 기록 자체가 매우 중요하다고 생각하고 있었기에 모든 것을 기록해나가기 시작했다. 만날 수 있거나 자문을 부탁드릴 수 있는 모든 전문가, 실무자분들께 다시 한번 검토를 부탁드리고 동료 청년들과 함께 다시 한번 더 논의를 발전시키기 위해 노력했다. 그리고 또 다시 그 내용들을 보완, 확장하여 적어 내려갔다.

앞서 언급했던 바와 같이 나는 내가 생각하고 적어 내려가는 것에서 끝내고 싶지 않았다. 은사님들께서 말씀해주셨던 것과 같이 나는 실천하고 싶었다. 어떻게 하면 내가 가진 별 것 없는 능력을 최대한 살려서 실천해 낼 수 있을지 고민하고 또 고민했다. 그리고 생각했다. 나는 말하는 것과 글 쓰는 것을 좋아하며, 기록하는 것 역시 좋아한다. SNS에 내 생각들을 기록해 공유하고 친우들에게 피드백 받을 것을 즐겨하며, 이러한 내 성향을 가장 잘 이용할 수 있다면 사회에 메시지를 전달하는 것에 큰 보탬이 될 수 있지 않을까 생각했다. 그렇게 언론사들의 칼럼들을 읽어내려가기 시작했다. 사회적 안건들에 대해 내가 생각하는 바를 전달할 수 있는 창구와도 같았다.

"성공할지 실패할지 모르지만 어쨌든
맨땅에 헤딩하는 심정으로 시도나 해보자."

이 정신 하나로 글 쓰는 작업을 해오셨던 분들께 글 자문을 받기 위해 열심히 뛰어다녔다. 정말 많은 것들을 배울 수 있었다. 사회가 어떻게 작동하는지에서부터 글을 써 내려가는 방법까지 많은 것들을 가르쳐주셨다. 그렇게 가르쳐주신 글 쓰는 법을 숙지하고 연습하고 또 연습했다. 그리고 무작정 언론사 대표번호에 전화를 했다. 그리고 청년으로서 칼럼을 내고자 하는데 어떻게 하면 되는가에 대해 무작정 질문했다. 수많은 언론사의 논설위원실들과 통화 끝에 단 한 곳이 답변을 주었다. 매일경제였다. 그렇게 한반도의 2030 세대와 남북관계를 주제로 한 나의 첫 칼럼이 기고되었다. 개인적으로 정말 기쁜 일 이었다. 앞서 이야기했지만 전문가도 아니고 오랜 경험이 쌓인 실무자도 아닌 단 한 명의 청년으로서 적어 내려간 글이었는데, 매일경제라는 큰 언론 플랫폼 지면에 실릴 수 있었다는 것은 첫째로 언론사의 입장에서 내 글이 어느정도 설득력이 있으며, 사회적으로 메시지화 될 가치가 있다고 판단한 것이었다. 둘째로는 내 글의 질이 크게 떨어지지 않았다는 것을 나름 증명해주었다고 생각했다. 다시 한번 글쓰기와 자문을 도와주셨던 많은 분들께 진심 어린 감사의 말씀을 드리고 싶다. 그렇게 써 내려가기 '한반도의 2030 세대와 한반도의 미래'를 주제로 해 기고하기 시작했던 칼럼들이 현재 시점에서 모교 교지를 포함하여 약 10개가 되었다. 그렇게 목표했던 한반도의 청년 세대와 남북관계 대한 분석, 그리고 청년들이 그리는 한반도의 미래에 대해 고찰하고 얽혀있는 실마리의 해법이 될 수 있는 요소들을 찾아 사회에 전달하는 과정을 나름 20대에 이루어냈다. 이제 그 과정속에서 찾아낼 수 있었거나 공유하고자 하는 메시지들을 독자분들에게 역시 공유하고 함께 고찰하며 논의해보고자 한다.

청년 세대와 관련하여 가장 먼저 답변을 해야 했던 질문은 이미 사회적으로 논의가 수차례 되어 왔었다. 독자분들 모두가 예상하실 수 있을 것이라 생각한다.

"통일 왜 해야 돼?"

남북관계에 관심을 갖고 지속적으로 공부와 활동을 해온 만큼 지인들은 나에게 너무도 자주 이 질문을 물어보거나 던지고는 한다. 특히 2030 세대 동년배 친구들이 항상 던지는 질문은 모두 유사하다.

"야, 우리가 왜 통일을 꼭 해야 되냐?
우리 먹고살기도 바빠 죽겠는데 그 세금을
우리 보고 내라고?"

"한국에도 가난해서 죽는 사람들도 있는데 왜
북한 사람들까지 신경을 써야 되는지 설명 좀 해줘라."

앞서 여러 차례 이야기했지만 취업과 생계, 집 마련 등 현실적인 장벽에 부딪쳐 만신창이가 되어가는 청년 세대가 이러한 질문들을 던지는 것은 너무도 당연한 일이다. 고로 나는 늘 이러한 질문을 던지는 동료 청년들과 사회구성원분들께 남북 분야에 관심을 가지고 활동을 한다고 모두가 통일에 찬성을 하는 것이 아니며, 남북관계와 통일에 관심을 가질 것을 강요하고 싶은 마음이 조금도 없다고 답변드린다. 남북의 복잡한 관계를 개선해 나가는 것이 우리가 생각한대로 이루어지는 일이 아니라는 것을 우리는 지난 70년간 수시로 몸소 경험해왔다. 통일 역시 마음만으로 희망한다고 해서 하루아침에 이루어지지 않는다는 것 또한 너무도 뼈저리게 오랜 기간 경험을 했기에 단순하게 "예" 혹은 "아니요"로 답변할 수 있는 간단한 안건이 아니라는 것을 우리 모두가 알고 있다.

하지만 청년들에게 통일의 필요성 혹은 통일을 해야하는지 말아야 하는지에 대해 질문하는 미디어 콘텐츠와 사회 시사 프로그램 혹은 사회조사 등이 다수 있다. 청년들은 정확하게 파악이 어려운 통일에 대한 세부안건들에 대해 알기가 쉽지 않다. 이는 곧 청년들만의 이야기가 아니라 국민 대다수분들께서 이러한 맥락을 알기가 쉽지 않다. 남북관계 분야에 종사하지 않는 다면 이를 자세하게 찾아보기에는 삶이 너무 벅차거나 관심 밖이다. 하지만 정치 안건에서의 외교와 통일은 국민들에게 모두가 적극적인 자세로 자신의 의견을 말하는 분야이기도 하다. 고로 청년들과 많은 사회구성원분들께서는 막연하게 알고 계신 도처에 깨진 도자기 파편처럼 퍼져있는 남북관계와 통일에 대한 지식들을 모아 자신의 의견을 설계해 나가신다. 가장 논란이 많은 통일 비용 역시 동일한 맥락이다. 그 누구도 아직 정확한 통일 비용과 비용 적용 방법에 대해서 확실하게 알고 있지 못하며, 알기 쉬운 맥락이 전혀 아니다. 하지만 사회적으로 통일에 있어 막대한 세금이 투여돼야 한다는 것은 알려진 사실이다. 이를 청년 세대와 국민들께서 자신들이 당장 부담해야 한다고 생각하시는 것 역시 너무도 당연한 처사이다. 고로 이러한 통일을 해야 하는지 말아야 하는지와 같은 단순 이분법적 질문을 던졌을 때 청년들로부터 긍정적인 답변을 얻기는 쉽지 않다.

이렇게 이분법적인 통일에 대한 질문이 사회에 통념과 같이 전파되면서 청년들 그리고 그 외의 사회구성원분들의 통일과 남북관계에 대한 막연한 부정적 감정이 증폭되었고, 또한 여론 또한 부정적으로 나타나기 시작했다. 그래서 이러한 단순하고 이분법적인 질문들을 다방면으로 조금씩만 틀어보기로 했다. 얼마 전 SNS에서 이러한 질문 형태를 봤다.

> "북한 내부 요인으로 북한 정권이 붕괴한다면
> 북한의 영토와 주민들은 어느 국가와
> 하나가 되어야 한다고 생각하십니까?"

라는 질문이었다면 과연 답변이 같은 양상을 보였을까?. 결과를 알수는 없었지만 한국과 통합되어야 한다는 대답이 절대 다수를 이루었을 것이라고 동료 청년들과의 논의에서 이야기할 수 있었다. 따라서 우리는 통일의 '필요성'이 아닌 '접근법' 혹은 '방법론'을 질문해야한다. 기존에는 역사를 강조하며 부모님 세대분들의 감정 어린 호소를 통해 통일에 대해 논해왔다면 지금은 조금 더 구체적이고 다각적인 논의가 필요해 보인다. 현실적으로 현재의 2030 세대 청년들과국가의 또 다른 새싹으로 자라날 그다음 세대는 같은 가족이었다는동질감을 느낄 수 있는 기회가 전혀 존재하지 않았다. 존재했더라도 대다수의 경험이 아니었기 때문에 남북관계와 통일문제에 영향을 줄 수 있을 정도라고 말할 수 있을지 의문이다. 고로 남북 동질감 형성 경험이 부족한 청년들에게 통일 감정 호소만으로는 그 설득력이 떨어진다는 것을 인지해야 한다고 생각한다.

나 역시도 섣부른 준비 없는 통일은 늘 반대해왔다. 하지만 통일 자체는 늘 찬성하는 입장이었다. 우리는 늘 통일을 논하고는 있지만 정작 통일에 대한 준비가 다각적으로 체계적이고 구체적으로 이루어지고 있는지는 미지수이다. 이것이 키 포인트라고 생각한다. 고착되어 있는 통일의 찬반 논의에서 벗어나는 것이 우선적으로 필요하다. 그렇다면 이 난관에서 어떻게 벗어나야 할까? 나는 이 질문을 먼저 던져보고 싶다.

북한에 급변사태가 일어난다면?

통일에서 잠깐 벗어나 보자. 우리는 늘 북한 내부의 급변사태나 무력도발, 미사일 발사, 핵실험 등에 대해서 신경을 곤두세워왔다. 미사일 발사장면과 핵실험 장면 북한 당 대회 장면이 언론에 보도되며, 수많은 전문가들이 패널로 참여하여 향후 대북 정책과 북한의 정치적 경로에 대해 예측하는 시사 프로그램들은 오늘도 곳곳에서 방영되고 있다. 여기서 말하는 급변사태는 우리가 일반적으로 혹은 희망적으로 말하는 북한 정권의 붕괴와 혹은 그와 흡사한 사건들을 이야기하는 것이 아니다. 북한학에서 가장 먼저 배우는 것은 희망적인 사고를 연구에 반영해서는 안 된다는 것이었다. 고로 이 희망적인 사고의 틀에서 벗어나서 우리의 생명을 위협할 수도 있고 한반도와 국제정세의 급전환을 일으킬 수 있는 그 어떠한 가능성도 배제하지 않은 모든 급변사태의 상황에 대해 생각해보자.

　　대북정책과 남북관계는 현실적으로 대국민 여론에 영향을 받을 수밖에 없는 위치에 있다. 비단 모든 정책이 그렇기에 남북관계도 역시 그렇다고 하는 것이 올바른 설명이다. 위에서 언급했던 바와 같이 국민들은 북한 이슈가 뉴스에 나오면 모두들 적극적으로 자신의 의견을 말하기 위해 노력한다. 이는 곧 민주주의 선거에 반영되는 가장 큰 요소가 되기도 하며 고로 대북정책은 거시적으로 봤을 때 대국민 여론에 의해 크게 좌우될 수밖에 없는 구조를 가지고 있다. 수많은 고려 사항에 복잡한 여론과 정책방향이 결합되어서인지, 현재 안보와 국방 그리고 대북정책이 개별적으로 논의되어야 하는 안건임에도 불구하고 정부의 교체에 따라 너무도 다른 양상으로, 서로 얽혀 논의되고 있다. 이러한 현상으로 인해 대북정책은 매 정부마다 사회적으로 논란이 되고 있다. 이러한 구조를 고려했을 때 국민들은 남북관계와 대북정책에 더욱 관심을 가져야만 기존에 존재했던 도처에 퍼져있는 이념과 한국 사회에서 불리는 소위 '정치 성향'이라는 것에서 벗어나 남북관계에 대한 객관성과 합리성을 확보할 수 있다. 우리 가족과 동료들 그리고 우리 국가를 지키고 향후 한반도의 안위를 위한 객관성과 합리성이 기반이 된 준비를 해나갈 수 있다. 그리고 가장 중요한 것은 북한 정권 또한 이러한 부분을 의식하고 있다는 것이다.

　　남북의 관계는 분단과 전쟁 후 약 70년의 세월 동안 너무도 많은 풍파를 겪어왔다. 특히 무력도발과 같은 직접적인 무력 충돌과 그로 인한 장병들과 국민들의 희생은 모두에게 뼛속을 파고드는 상처로 남았다. 연평해전, 천안함 폭침, 연평도 포격 그 외 무력도발 사를 보면 70년 동안 그 어두운 맥락은 한반도를 만신창이로 만들었다. 이렇게 남북은 서로 피하려 해도 피해지지 않았다. 한쪽이 외면한다고 해서 다른 한쪽 역시 가만히 있는 구도가 형성되지 않았다는 것을 이미 역사가 증명해주고 있다. 그렇게 희생되어야 했던 사람들은 우리의 아들이자, 자녀이며, 아버지이고 어머니이시다. 또 가족이며, 동료이자 함께 살아가는 사회의 동료 구성원이었다. 이러한 이유에서 우리는 남북관계에 신경을 곤두세우고 지켜보며 객관적이고 합리적인 안보정책과 국방정책을 확립하고 평화를 향한 협상을 준비해야 한다.

또한 역사는 늘 돌발의 연속이었다. 제1차 세계대전 역시 사라예보의 청년의 총알 탄 한 발에 의해 시작되었듯이, 우리는 늘 그 어느 순간에 어떠한 일이 일어날지 모르기에 상시 대비를 해야 한다. 동북아시아가 세계의 새로운 화약고라고 불려온지는 꽤 오랜 세월이 지났다. 역사는 그 누구도 예측할 수 없었다. 그리고 누군가에 의해 맞아 떨어진 예측이 있다고 해도 이를 대비한 준비와 방비가 되어있지 않았을 때는 많은 이들이 피해를 입어야 했다. 우리는 이미 전쟁 경험을 통해 직간접적으로 많은 것들을 알고 있다. 북한 내부에서 정권이 붕괴가 되건, 혹은 그와 반대로 북한 정권이 힘을 입어 더 강성해져 우리에게 더 큰 위협으로 다가오건 우리는 우리의 안위를 위해서 준비해야 할 가장 기초적인 과정인 것을 잊어서는 안 될 것이다.

앞서 현실적인 부분에서 왜 우리가 남북관계의 끈을 놓아서는 안 되는지에 대해서 논했다면 지금부터는 장기적인 통일 준비해 대해 논해보고자 한다. 우리는 장기간 동안 통일이라는 공통된 목표를 향해 세분화된 준비가 이루어지지 않은 민족 담론과 정치, 회담, 협상에 국한된 통일 논의는 한계가 너무도 크고 미흡한 접근이라는 것을 이제까지의 경험을 통해 너무도 뼈아프게 확인할 수 있었다. 위에서 언급한 바와 같이 만약에 통일이 되어야 할 순간이 온다면, 그 유형이 어떠한 통일이 되었든 우리는 내부적으로 견고한 준비가 되어있어야 할 것이며, 그 어떠한 상황을 대비해서라도, 정치 성향과 이념의 소용돌이 속에서 요동치는 대북정책과 통일 준비에서 벗어나 객관성과 합리성을 기반으로 한 견고하고 장기적인 미래 세대를 위해 앞을 내다볼 수 있는 준비가 이루어져야 할 것이다.

가장 먼저 필요한 것은 통일에 대한 논의에서 멈춰 서는 것을 넘어서서 통일을 국가의 장기적인 목표로 설정하는 것이다. 통일 논의는 나오고 있지만, 남북 간의 관계에 따라 그리고 그에 따라 형성되는 국민 여론에 따라 통일 준비의 진폭이 큰 것으로 알고 있다. 통일 준비뿐만 아니라 남북관계에 대한 대비 역시 동일 선상의 맥락이지만 모두 남북의 관계 노선에 따라 이루어져서는 안 되는 것들이다. 통일 준비는 남북관계와는 별개로 우리만의 장기적이고 견고한 준비를 해나가야만 위에서 언급했던 그 어떠한 사태에도 대비를 할 수 있다. 통일 자체로만 놓고 봤을 때도 역시 동일한 맥락이다. 통일은 쉽고 단순한 과정이 아니다. 하루아침에 정치적으로 통일을 결정한다고 해서 할 수 있는 것이 아니다. 독일의 통일 사례와 한반도의 통일 사례는 너무도 다른 요소들이 많다. 고로 한반도 통일 모델을 견고하고 면밀하게 설계해나가지 않으면 안 된다. 정부의 교체와 남북의 관계 곡선으로부터 독립적인 영역에서 통일을 장기적인 국가의 목표 중 하나로 설정하고 국민들이 우려하는 통일 자본의 문제부터, 다각적으로 존재하는 시스템적·정서적 난관들을 극복해 나가기 위해 미시적인 요소까지 점진적으로 면밀히 준비해야 한다. 한반도는 이제 약 1세기 동안 갈라져 있었다. 그리고 그렇게 완전히 다른 두 개의 체제로 지금까지 온 것이다. 서로에게 영향을 줄 수 있을 만큼 큰 교류와 접촉이 없이 전혀 다른 체제 속에서 약 70년 동안 분단되어 있던 두 개의 체제와 그 속에서 살아온 사람들은 서로 너무도 다른 삶을 살아왔다. 살아온 환경에 따른 사고방식, 생활양식, 삶의 질 그 외 너무도 많은 것들이 서로 너무도 많이 달라졌다는 것은 인정하기 안타깝지만 냉정한 사실이다. 지구상에서 가장 극으로 다르다고 평가받는 집단 중 하나인 이 두 개의 집단이 하나가 되는 일은 지구상에 존재했던 그 어느 작업과도 비교할 수 없을 만큼 방대하고 복잡한 작업이라는 것을 우리 모두가 이미 알고 있다.

그 준비의 시작은 남북관계의 긍정적 발전에 기여하는 것을 목표로 설정한 청년들에게, 국가와 사회가 이념 갈등에서 벗어나 더 다양하고 넓은 플랫폼을 형성해 주는 것이라고 생각한다. 국가를 중심으로 한 자본과 인프라를 기반으로, 다양한 분야의 인재들이 각자의 전문분야를 남북문제와 접목시켜 한반도 안건에 대한 전문성을 쌓을 수 있어야 한다. 북한학이 상대적으로 정치와 외교 분야에 집중되어 있으며, 이념적, 정치적 성향이 너무도 강하게 내재되어 있다는 현재의 한계를 넘어서서, 사회를 구성하는데 필요한 모든 분야에서 북한 전문가들이 배출되어 대한민국과 남북관계의 주춧돌이 되어야 한다.

　국가의 지원 속에서 이러한 과정이 축적되다 보면 이전보다 더 많은 인재들이 한반도 문제에 관심을 갖고 활동을 하게 될 것이다. 청년들과 함께 논의하여 이러한 방법을 제시하게 된 것에는 이유가 있다. 남북관계 관련 활동을 직접하면서 만났던 청년들과 이야기를 나눠보면 생각보다 이 분야에서 활동하고자 하는 청년들은 주변에 많지만 원하는 활동을 할 수 있는 관련 플랫폼이나 프로그램은 찾기가 힘들다는 것이 대다수의 의견이었다. 주로 시민단체나 비정부기구에서 운영하는 프로그램들이 가장 큰 활동들에 속하며, 통일부와 통일 교육원 그리고 각종 포럼과 싱크탱크들에서 외교와 통일에 관련된 세미나, 콘퍼런스 등이 전부라는 것이 대다수 청년들의 평이었다. 그리고 이념적으로나 정치적으로 이분화 되어있는 경향이 강해 한 자리에서 다양한 의견을 들을 수 있는 자리 역시 부족하지 않은지 생각하게 된다는 청년들도 다수를 이뤘다. 역사적 맥락으로 보면, 현실적으로 남북문제가 아직 이념과 정치의 부정적인 면에서 벗어나 객관성과 합리성 그리고 이상적이라고 불리는 요소들을 갖추기에는 조금 더 시간과 노력이 필요하다고 생각한다. 이러한 요소들을 청년들이 느끼고 조금씩 개선해 나가는 과정이 뒤따르면 앞으로 개선되리라 믿는다. 고로 이러한 이유들로 청년들은 이념과 정치를 넘어서서, 정부의 교체와 남북관계와는 독립적으로 국가 차원에서 장기적으로 남북 분야 인재 양성 플랫폼이 형성되기를 원한다. 이러한 과정을 통해 이루어진 점진적인 남북 인재 양성과 축적은 단순히 통일 및 남북관계 인재 양성이라는 교육적 측면뿐만 아니라 통일 여론의 긍정적 변화는 물론 국가 시스템과 사회 구성 요소, 나아가 국민 정서 또한 통일에 실질적으로 더욱 가까워질 것이다.

북한의 2030 세대 '장마당 세대'의 태동

세계적으로 청년들이 하나가 되어 본질적인 평화를 향해 외치기 시작했다.

남측에도 2030 세대가 태동하기 시작했다면 북쪽에서 역시 북한 내부의 인권과 정의, 공정을 향한 2030 세대의 태동이 시작되었다고 한다. 북한의 2030 세대를 외부에서는 '장마당 세대'라고 부르기 시작했다. 장마당 세대의 어원은 이러하다. 1990년대 중반 국제적 고립 등과 같은 이유로 경제적 어려움이 닥쳐 북한 내의 배급

이 제대로 이루어지지 못했던 상황에서 대홍수와 같은 자연재해까지 겹치는 상황이 왔고 이를 극복해 내기 위해 북한 내부에서 이를 '고난의 행군'이라고 불렀다. 이 고난의 행군 당시, 아사자의 숫자가 정확하게 파악할 수 없을 정도로 치솟았다고 한다. 실제로 고난의 행군을 겪어야 했던 북한이탈주민 분들의 이야기를 들어보면 기차역 앞에 아이들이 굶어 눈만 뜨고 아사해가는 일이 비일비재했다고 한다. 이러한 경제적 상황에 북한 주민들은 스스로 살아남기 위해 몸부림치기 시작했다. 스스로 물건을 팔아 돈을 벌어 생계를 유지하는 '장사'를 시작한 것이다. 국경지대를 통해 들어오는 물건들과 외부 문물들을 들여와 팔기 시작했다. 혹은 직접 재배한 작물들을 팔기 시작했다. 그렇게 물건을 파는 사람들이 많아지면서 장마당이라는 '시장'이 형성되기 시작했다. 그렇게 북한 내부에도 시장경제가 생성되기 시작한 것이다. 장마당 세대는 이러한 장마당을 기반으로 한 생활 환경 속에서 자라난 세대를 일컫는 말이다. 이는 곧 외부의 문물이 지속적으로 북한 내부로 유입이 되었다는 것을 뜻한다. 장마당 매대에서 판매되는 물품들과 익숙하게 생활하며 성장한 장마당 세대의 사고방식과 생활방식은 이전 세대와는 당연히 다를 수밖에 없다.

외부와 철저히 차단되어 당의 사상교육 아래 다져진 세대의 사고방식은 장마당 세대와 비교했을 때 상대적으로나 객관적으로나 고립되어 있었다고 한다. 하지만 김일성을 책을 통해 배우고 장마당을 통해 외부 문물을 접하며 성장한 북한의 2030 세대인 '장마당 세대'는 다르다고 장마당 세대 친구들이 직접 나에게 말해주었다. 장마당 세대는 자신들이 궁금해 하는 것에 대해 참지 않고 손을 뻗는다. 이렇게 장마당 세대는 중국, 러시아, 남한 등 외부 문화를 습득해나가기 시작했다. 그렇게 외부 문물을 접하고 자유를 동경하면서 장마당 세대는 스스로의 사고방식과 언행 또한 변화시키고 있었다. 이러한 장마당 세대의 자발적인 변화 움직임에 체제 붕괴의 위협을 느낀 북한 당 중앙이 그 흐름을 절단하기 위해 '반동사상문화배격법'을 제정했다. 위에서 언급했듯이 유포자는 최대 사형, 시청자 역시 엄중한 처벌을 명시하고 있는 '반동사상문화배격법'은 엄연한 체제 유지를 위한 인권탄압인 셈이다. 그럼에도 불구하고 장마당 세대는 이불을 뒤집어쓰고 궁금한 외부 문물을 과감하게 보고 있다. 드라마 '상속자들', '추노'를 시청하고 말투와 외모를 모방하고 방탄소년단의 노래를 들으며 안무를 따라하는 장마당 세대는 북한 내의 이전 세대와는 다를 수밖에 없다. 이러한 부분이 북한 내부에 어떠한 변화를 가져올지 혹은 가져올 수 없을지는 아무도 모른다. 더욱더 객관적인 분석과 향후 한반도의 전망을 위해 내 개인적인 희망적 사고를 투영하고 싶지 않다. 다만 이전과는 사고방식과 행동 양식이 달라지고 있다는 것만은 명백한 사실이다. 이는 내가 생각하는 것이 아닌, 내가 직접 만나본, 북한 각 지역에서 온 장마당 세대 친구들이 직접 해준 이야기들이다. 그들은 자부한다. 우리가 다르다는 것을.

이러한 인권탄압에 대한 그들의 저항을 북의 수뇌부는 그 어느 물리적인 힘보다 더 두려워하고 있다. 장마당 세대는 자신들이 보고 듣고 느끼고 싶어 하는 것들을 위해 리스크를 과감하게 감수한다고 한다. 장마당 세대 친구들로부터 들을 수 있었던 수많은 외부문물과 장마당 세대 친구들에 대한 이야기는 민감한 부분들이 있을 수 있어 삼가토록하겠다. 이처럼 남북의 청년들 모두가 밤낮을 가리지 않고 한반도의 정의와 본질적인 평화를 되찾기 위해 태동하고 있다.

북한 수뇌부의 체제 유지를 위한 인권탄압 실태

　　장마당 세대의 태동과 동시에 북한 수뇌부의 인권탄압에 대한 이야기를 잠깐 언급했었다. 북한 분야에서 나름의 다양한 활동을 경험하면서 북한 인권 관련 단체들을 경험할 수 있었다. 그 경험 속에서 많은 장마당 세대 그리고 그 외의 북한이탈주민 어른분들을 만나 뵐 수 있었다. 대부분의 국민들이 그러할 것이다. 이전까지는 대북 관련 안건으로서 알고 있었던 인권문제를 직접 경험했던 친우들과 어르신분들의 경험담을 통해 직접 들으니 공개된 사례와 사안들을 독자분들을 위해 꼭 언급하고 넘어가야겠다는 생각 하에 북한인권에 대한 이야기를 논해보고자 한다. 아니 인권 문제는 북한 관련 문제에 있어 남북 관계의 본질적 발전과 통일을 위해 가장 먼저 해결돼야 할 사안이기에 논의되어야 한다.

인권(人權)
사람이 개인 또는 나라의 구성원으로서 마땅히 누리고 행사하는 기본적인 자유와 권리.

인권의 한자는 '사람 인', 고로 인간이면 누구나 행사할 수 있는 가장 기본적인 자유와 권리를 뜻한다. 인간의 유형이 여러 가지가 아닌 이상 모든 지구상에 인간은 똑같은 존재이며, 고로 이러한 권리를 동등하게 누려야 한다. 하지만 북한 내부의 인권상황은 상상 그 이상에 이상이었다. 본 글에서 언급되는 인권침해 케이스들은 모두 검증기관의 철저한 검증 하에 공개 플랫폼에 공개된 케이스임을 명시하는 바이다. (북한이탈주민의 신상정보와 인권침해 케이스들은 피해자의 신변보호 및 피해자의 아픈 기억을 들추어내는 일이기 때문에 철저한 법적 검증과 동의 절차 하에 이루어지는 것이 필수적이다.)

북한 인권에 대한 논의는 뉴스 헤드라인을 통해 가장 많이 접하게 되는 것이 일반적인 경우이다. 북한 인권 하면 연상되었던 키워드는 '정치범 수용소', '아오지 탄광' 등이 일반적인 경우일 것이다.

전방 지역 전망대

한국 사회 내에서 북한 인권과 관련하여 알려져 있는 케이스는 일반적으로 저 정도인 것으로 간주된다. 하지만 그 실상은 그렇지 않았다. 너무도 처참하여 칼럼에 조차 언급될 수 없었던 케이스들을 몇 가지 제시해 보고자 한다.

- 학교를 졸업하고 입대 신청한 남자아이 5명, 여자아이 4명, 한국 드라마를 시청했다는 이유로 집단 총살. 평안남도 평성시 삼령리 / 사건 코드: E19-I-0786 (공개처형)

- 피 검사를 한다며 임산부들에게 강제 낙태 강행. 당시 임신했던 산모 3명 주사 투여 후 하혈 시작. 함경북도 온성군 온성 집결소 / 사건 코드: E13-I-1144 (강제 낙태)

- 북송되어온 산모 강제 낙태 시도. 산모가 반대하자 '한족 새끼'라며 계호들이 폭행. 강제 낙태 수술 강행. 낙태 1주일 후 노동투입. 평안북도 신의주시 집결소 / 사건 코드: E11-I-1545 (강제 낙태)

- 김정일이 말을 더듬어 신년사를 안 한다고 발언했다가 정치범으로 몰려 구금된 이후 공개총살. 양강도 대홍단군 삼장 세관의 국경경비대 보위부 / 사건 코드: E14-I-4833 (공개처형)

북한에서 집결소는 비법(불법) 월경자들을 보위부와 같은 관할 기관으로 압송하기 전에 감금하는 임시 수용시설이며, 계호는 교도관을 뜻한다. 보위부는 체제 유지를 위해 운영되는 정보기관이다. 위의 사례들은 필자가 인턴으로 재직했던 NKDB 북한인권정보센터에서 구축한 북한인권침해 지리 정보 플랫폼 '비주얼 아틀라스'에 축적된 증언 기록들이다. 9명의 미성년자를 총살하는 행위, 학교를 졸업하고 입대를 할 나이이면 고등중학교를 졸업한 17살, 18살 정도의 아이들이다. 체제에 위협이 되는 한국 영상물을 시청했다는 이유로 아이들 9명을 총살시켜버렸다. 강제 낙태의 경우 북송된 임산부들이 주된 피해자이다. 강제 낙태 가해자들은 임산부들이 중국 남성의 아이를 임신했다고 간주한다. 따라서 뱃속의 아이는 '조선 순수 혈통'이 아니라 여겨지며 강제 낙태가 강행된다. 강제 낙태 후 어떠한 의료 조치도 받을 수 없다. 이는 곳 제2차 세계대전 나치즘 하에 운영되었던 유대인 수용시설에서 일어났을 법한 일들이 지금 이 시각 현재 우리가 사는 곳 서울 기준으로 차를 타고 약 1시간 30분만 차를 타고가면 도달할 수 있는 원래 한 나라였던 곳에서 일어나고 있는 일이다. 이처럼 상상을 초월하는 수많은 인권침해 행위들이 강 건너 북한 내부에서 발생하고 있다. 하지만 국제 사회에는 그렇게 많이 알려져 있지 않다. 또한 특히 한국 사회 내에서는 북한 내부에서 이러한 일이 일어나고 있다는 것을 상상조차 못하는 것이 실정이다. 한국에서 홍콩과 미얀마 이슈에 관심을 갖고 있지만 북한 인권에 관심도가 떨어지는 것에는 몇 가지 이유가 있다고 본다. 일단 정치적인 관계 때문에 북한 인권 실태 그 자체가 많이 알려지지 못하는 것이 현실이다. 정부의 교체에 따라 평화를 향한 노선을 달리하면서 북한 인권은 '선택 사항'이 되어버렸다. 인권을 지키는 것은 국제사회의 약속이자 인류 보편적 안건이다. 정부 교체에 따른 인권정책과 대북정책에 대한 극단적인 기조 변화는 국제사회 속에서 하나의 국가인 대한민국에 대한 신뢰성을 상실하게 하는 원인이 되며,

본질적인 평화를 향한 긍정적인 남북관계의 발전을 위해서 역시 부정적인 요소로 작용하고 있다. 인류 보편적 안건으로서 국제사회가 동참하고 있는 북한 인권 문제에 대해서, 일제의 반인륜 행위에 대해서 목소리를 높이는 것과는 반대로 당사자인 대한민국의 참여가 미온적이라는 평가를 받는 것은, 외교와 남북관계에 있어 긍정적인 요소로 받아들여질 수 없는 상황이므로, 국가의 정책 방향에 있어 이를 예방하기 위한 정책이 필요하다고 고려된다.

대한민국은 지난 70년간 산업화, 민주화를 이룩해 냈으며, IMF를 극복하고 이례 없는 발전을 이룩해왔다. 그리고 사회적 위기라고 거론되는 현재, 2030 세대가 사회에서 결여되었던 그들의 어젠다를 찾아나가며 새로운 사회 변화의 주역으로 떠오르고 있다. 하지만 북은 동일한 70년 동안 유일사상체계 확립에 집중했고, 외교적으로 고립되었으며, 국가 경제가 그 기능을 상실했다. 그 결과 200만, 아니 정확한 추산이 불가능할 만큼의 아사자를 낸 고난의 행군을 겪어야 했다. 주민들은 생존을 위해 대거 탈출을 감행하거나, 살아남기 위해 스스로 장마당이라는 시장 경제 형태의 플랫폼을 형성해나갔다. 그리고 그 속에서 태어난 장마당 세대가 드디어 북한 내부 사회변혁의 주역으로 떠오르고 있다. 이러한 북한 내부의 인류 보편적 가치를 향한 변화 움직임에 힘을 실어주기 위해 전 세계의 청년들이 함께 소프트파워를 형성해 내어 이를 전달해 주고 있다. 위에서 언급한 바와 같이 북한 내부의 미래가 어떻게 변화할지 혹은 변화가 일어나지 않을지는 아무도 모른다. 김일성과 김정일 사망 당시에도 급변사태에 대한 예측과 전망이 쏟아져 나왔지만 김정은 정권은 안착

하는데 성공했다. 이와 같이 희망적인 사고를 남북관계에 싣는 것은 건강한 남북관계를 위해서는 있어서는 안 될일이라는 것을 다시한번 강조하고 싶다. 다만 이렇게 청년들이 함께 변화를 만들어가기위해 노력하고 있다는 것 역시 부정할 수 없는 사실이다. 변화를 의도했건 의도하지 않았건 역사의 흐름 속에서 또다른 거시적 맥락의변화 씨앗이 자라나고 있음은 부정할 수 없는 사실이다.

일제강점기 우리의 선대들은 기약 없는 독립을 위해 목숨을 걸고 저항하셨다. 한국전쟁 시기, 가족들과 동료들을 지킨다는 생각하나로 자아를 잃어가며 싸우셨다. 산업화 시기, 가족들을 먹여 살리겠다는 집념 하나로 한강의 기적을 이룩해내셨으며. 민주화 세대분들은 민주화가 이루어질 수 있을지 모른다는 불확실성 속에서도열망 하나로 투쟁하시어 결국 민주화를 이룩해내셨다. 현재 한반도청년들의 태동 역시 그 끝맺음이 어떻게 역사에 기록될지는 아무도알 수 없다. 다만 그들의 움직임이 선대들의 움직임처럼, 국가 관계,국제 관계, 그 외에 존재하는 수많은 이해타산적인 틀들을 뛰어넘어 '인간'이라는 동일한 가치 아래, 사회에서 결핍되었던 더 나은 인류 보편적 가치를 향한 움직임이라는 것은 확실하다. 청년들은 선대들이 품었던 인류 본질적 가치에 대한 열망 그리고 실천의식 속에서함께 성장해왔다. 고로 선대들의 후손들답게, 또한 그들의 다음 세대를 위해, 현 2030 세대 역시 그들이 열망하는 그 가치들을 이룩해 낼 것이라 필자는 확신한다.

독립투사 분들, 위안부 할머님들, 호국 영웅 분들, 산업화와 민주화의 주역 분들 모두 각자가 살아온 시대에, 그 사회가 필요로 하는 인류 보편적 가치들을 이룩하기 위해 노력해오셨고, 현재에도 수많은 사회구성원들과 한반도의 청년들이 그 가치들을 위해 끊임없이 노력하고 있다는 것을 잊어서는 안 된다. 남북의 청년들이 정의와 공정을 위해 한반도 내부에서 태동하고 있다. 대한민국의 청년들은 기존 사회에 만연해있는 극단적 양극화 프레임들에 흡수되지 않도록 주의하고, 어떠한 부분에서 대한민국의 건강에 적신호가 켜졌는지 그 원인을 찾아내어, 스스로의 미래와 후대를 위해 하나씩 점진적으로 회복시켜 나가야 할 것이다. 북한 문제 역시, 처참한 북 내의 인권탄압을 외면한 채, 북 수뇌부의 요구 사항에 맞춰가며, 정치적 협상만을 통해 이룩한 '평화'가 과연 우리가 목표하던 평화이자 통일을 향해 나아가는 과정인지, 우리는 우리 스스로에게 질문해야 한다. 탄압받고 있는 북한 주민들과 청년들이, 자신들을 외면한 채 이루어 낸 평화와 통일을 진정한 평화와 통일로 받아들일지 우리 모두가 멈춰 서서 다시 생각해 봐야 한다. 후대가 우리를 어떻게 기억하게 될지, 그 선택은 우리에게 달려있다.

이처럼 남과 북의 2030 청년 세대가 모두 태동하고 있다. 지금 우리 앞에 직면해 있는 너무도 많은 안건들이 우리를 기다리고 고단하게 하고 있지만 이러한 다수의 점진적인 변화를 위한 움직임을 통해 조금씩 나아간다면 뒤를 돌아봤을 때 서로를 바라보며 웃을 수 있는 날이 올 것이라 믿어 의심치 않는다.

남북 청년들의 통일 준비 :
'동질감 형성'을 위한 국가의 역할

　그리고 또한 통일 준비를 위한 가장 중요한 요소가 있다. 바로 동질감의 형성이다. 앞서 언급했던 바와 같이 남북의 청년 세대는 이전 세대분들과 달리 서로 간의 동질감을 쌓을 수 있는 기회가 없었다. 하지만 통일에 있어 동질감 형성이 얼마나 중요한지 독자분들과 함께 고찰해 보고자 한다.

　변화의 주역으로 떠오른 남북 2030 세대 간의 공감대와 동질감 형성을 위한 소통의 채널이 매우 중요해지고 있다. 남북관계가 건실하게 발전하기 위해서는 북한 수뇌부의 입장과 관심보다는 남북한 청년들이 공감할 수 있는 공정과 문화의 가치에 더욱 관심을 기울여야 한다고 생각한다. 사회주의 국가나 저개발 국가를 막론하고 젊은 이들을 열광케 하는 한류 역시 장마당 세대인 북한 2030 세대의 마음을 얻을 수 있는 기회이며 장마당 세대 또한 이미 그에 반응하고 스스로를 변화시키고 있다. 남북 청년들이 공감하는 문화와 공정의 가치를 앞세우는 노력을 비정부기구(NGO)나 민간에게만 미룰 것이 아니라 정부 차원에서의 관심을 촉구하고자 한다.

동료들과의 논의 과정에서 남북관계는 우리가 피한다고 피해지지 않는다는 것을 이미 역사가 증명했으며, 또한 우리 세대는 그 역사를 절대 잊어서는 안 된다고 재차 확인해왔다. 자신의 생계조차 장담할 수 없는 처참한 현실 속에서 남북관계에도 신경을 곤두세워야 하는 것이 현 2030 세대의 처지다. 이러한 현실에 청년들의 인식에 대해 부정적인 메시지만을 보낼 것이 아니라 청년들이 체감하는 현실을 사회가 이해해 줄 것을 앞서 당부했다. 또한 국가의 재정상황이 받쳐줄 수 있을지 걱정이지만, 이러한 힘든 여건 속에서도 남북관계의 긍정적 발전에 기여하는 것을 목표로 피땀 흘리며 뛰는 청년들에게 남북관계의 중심에 서 있는 국가가 정치적 이념 갈등에서 벗어나 장기적이고 적극적인 재정적·제도적 지원을 해줄 것을 간청했다.

앞서 2030 세대의 일원 중 한 사람으로서, 내 개인적인 경험을 기반으로 통일인식 변화의 방법을 제시하기 위해 노력했다. 그 단계에서 조금 더 나아가 통일 교육의 관점과 사회 인식의 관점 그리고 통일인식의 주춧돌과 같은 동질감 형성의 관점에서 더 덧붙이고자 한다. 첫째, 통일 교육을 통해 2030 세대와 그 이후 세대에게 분단 및 전쟁의 원인과 현 남북관계까지의 시행착오, 그리고 이에 대한 당위성 등을 학습할 수 있는 우선적 기회를 부여해야 한다. 둘째, 장기적인 계획을 통한 견고한 준비를 통해 어떠한 경로를 통해서든 통일을 이룩한다면, 한반도 전체에 미치게 될 실질적이고 유의미한 발전 및 성장 가치를 객관적으로 연구하고 수치화해 청년들과 국민들에게 제시해 주어야 한다. '이처럼 당위적 통일'과 '실리적 통일', 모두를 동시에 준비하여야 한다.

이를 위한 통일의 탈 정치화 및 장기 국가 프로젝트화 라는 두 가지 프로젝트의 달성이라는 주춧돌이 필요하다고 앞서 언급했다. 정권 교체와 무관하게 국가시스템을 기반으로 한 연구와 분석이 장기간 지속적으로 진행돼야 한다는 것이다. 객관적 분석에 따른 각 분야별 통일에 필요한 인프라의 수치를 조율하고 체계적인 통일 과정 매뉴얼을 완성시켜 나가는 모습을 보여준다면 국민 여론은 변화할 것이다.

가장 중요한 세 번째 단계는 국가 차원의 남북 2030 청년들의 소통 채널을 구축하는 것이다. 남북관계와 통일 관련 분야 활동을 지속적으로 해오면서 일명 '먼저 온 통일'이라 불리는 북한이탈주민, 그 중에서도 북의 2030 세대인 '장마당 세대' 청년들을 만날 수 있었고 친구가 될 수 있었다. 현재에는 함께 활동 기획하여 남북청년 연합 활동을 직접 만들어나가고 있기도 하다. 그중 기억에 남는 경험 몇 가지를 독자분들과 공유해보고자 한다.

나와 동일한 또래의 북한이탈주민 친구들을 만나면서 느끼고 깨달을 수 있었던 것들은 내가 예상했던 것과는 차원이 다르게 많았다. 사실 이제는 서로가 어디서 왔는지가 중요하지 않은 정도가 되었다. 우리는 언어를 공유하고 소통에 문제가 없으며, 문화적 뿌리로부터 오는 정서적 공통점이 많다는 것을 알 수 있었다. 그렇게

청년들은 함께하며 서로의 동질감을 쌓아나간다.

서로 밥 먹고 커피 마시고 놀러 다니며, 실없는 농담을 하고 장난을 치는 사이가 되고 나면 남과 북의 경계는 소멸하게 되는 것 같다. 물론 바로 그렇게 될 수는 없다. 그동안에 살아온 환경이 다르다는 것 역시 사실이며, 그 간극을 맞춰나가는 데 있어 어느정도 시간과 배려가 서로 필요하다는 것은 분명한 사실이다. 하지만 그 과정이 마무리 되었을 때 서로 느낄 수 있는 동질감과 그 동질감으로부터 배울 수 있는 것들, 느끼고 깨달을 수 있는 것들이 너무도 많다. 그리고 쌓여가는 동질감들로부터 느끼는 내적 인식의 변화와 통일에 대한 인식의 변화는 개인적으로 변화하는 내 모습과 관념을 보면서 느낄 수 있으며, 이는 내 개인적인 경험이 아닌 나와 함께 활동을 해온 동료 청년들이 함께 공유하는 경험이었다. 이 소중한 값진 순간들을 독자분들과 공유하고, 그 순간들을 공유함으로써 동질감 형성

을 위한 남북 청년 플랫폼 형성에 다양한 분들께서 힘을 보태어 주
시기를 감히 간청드려보고자 한다.

드라마 '사랑의 불시착'의 주인공, 총정치국장의 아들 리정혁과
그 중대원들을 보면서 많은 시청자가 신기해하며 웃음을 터뜨렸다.
천진난만한 중대원들의 모습에 많은 사람이 북한 사람들의 사고와
생활상에 관심을 보이기 시작했다. 막연한 이념 갈등과 반공 논리의
틀에서 벗어나 사람들이 북한 주민을 미시적으로 바라볼 수 있도록
해주었다는 점은 '사랑의 불시착'이 남북관계의 긍정적 발전에 가장
크게 기여한 요소라 할 수 있다.

나 역시도 '사랑의 불시착' 시청자들처럼 북한의 동년배들이 어
떠한 삶을 사는지 늘 궁금했다. 남북 통일 분야에서 활동을 해오면
서 필자는 남북의 2030 세대 청년들과 만나 소통하고 교류할 기회
를 자주 접할 수 있었다. 한 번은 북에서 군 복무를 하다가 DMZ
를 통해 남으로 온, 필자보다 한 살 어린 친구와 대화할 기회가 있었
다. 우연인지 인연인지 그 친구와 필자의 군 복무기간이 겹쳤고, 남
북의 군 생활 이야기를 나누게 되었다. 그리고 말했다. "군 복무 시
기에 우리가 마주했더라면, 서로 총을 겨누는 적군의 신분으로 만
났어야 했지만, 오늘날 이렇게 만나 남과 북의 군 생활 이야기를 나
누며 서로 비슷한 부분이 많다는 것에 놀라 웃고 떠들 수 있다는 것
이 신기하다"고 말이다. 나아가 둘 다 축구를 좋아하는 것을 알게
되어 얼마 전 그 친구에게 손흥민 선수의 국가대표 유니폼을 선물
하기도 했다. 이처럼 우리는 축구를 좋아하는 똑같은 '사내 녀석들'

이자 '인간'이었다.

또 한 친구는 통일인식 논의 활동을 하며 만났던 친구이다. 이 친구와는 현재에도 함께 한반도 청년들의 청년 어젠다 형성을 목표로 함께 활동하고 있다. 나보다 두어 살 어린 여동생이지만 배울 부분들이 너무도 많았고 매 순간 배우게 되는 친구였다. 모든 일에 열심히 열정적으로 뛰어다녔고 모두가 대단하다고 말할 정도로 한반도의 본질적이고 긍정적인 발전을 위해서 목소리를 열심히 높이는 친구였다. 이 친구의 열정과 추진력은 한반도의 청년들이 하나가 되는데 원동력이 되어 주었다. 그렇게 현재 한반도 내의 사회 안건들에 대한 한반도 청년들의 청년 어젠다 형성 및 전달에 함께 기여하고 있는 친동생같은 친구가 되었다.

이처럼 서로의 공감대와 동질감을 형성할 수 있는 소통의 기회를 더 많은 청년들이 가져야 한다. 이를 위해 비정부기구(NGO)와 같은 민간뿐만 아니라 국가 차원에서도 적극적으로 참여와 지원을 해 줘야 한다.

약 반세기 동안 식민지배, 분단, 전쟁, 산업화, 민주화를 이룩하면서 겪어야 했던 부모님 세대가 견뎌온 고통과 상처를 우리는 기억해야 한다. 뼈아픈 과정들 속에서 선대들이 입었던 상처들을 우리는 기억해야 한다. 그 상처들은 흉터가 되지 못한 채, 여전히 벌어진 모양새로 현재까지 사회에 큰 영향을 주고 있다. 그 상처들을 치료해 나가는 것이 우리 세대의 숙명이다. 이를 바탕으로 남북의

2030 세대는 급속도로 달려온 대한민국이 놓쳤거나 손상시킨 것들을 보완해야 한다.

그러므로 선대들의 상처를 치료해 나가는 것은 우리 세대의 숙명이다. 현 2030 세대는 선대가 경험해야 했던, 그 뼈아픈 경험들을 간접적으로 목격했다. 말과 글을 통해 어떠한 과정을 거쳐 현재의 대한민국을 건설하였는지 우리는 배워왔다. 그렇기에 우리 세대는 사회 갈등 속에서 양극화의 중심이 된 역사적 경험들을 보다 객관적으로 바라볼 수 있는 기회와 역량이 있다. 그 기반을 토대로 남북의 2030 세대가 이제까지 급속도로 달려온 대한민국이 놓쳤거나 손상시킨 것들을 보완해야 한다.

그 과정을 위하여, 또한 통일로 가는 길목에 가장 우선적으로 요구되는 기반은 '마음의 공유를 통한 동질감' 형성이다. 국민 간 동질감 형성에 실패한 정치 시스템적 통일은 외견만이 번듯한 통일일 것이다. 내부는 성숙되지 못한 채로 여전히 분리되어 있을 것이다. 앞서 제시한 미흡하지만 중요한 단계들이 완성되었을 때 비로소 부모님 세대에게 많은 우려를 안긴, 통일에 대한 청년들의 부정적 견해에 긍정적 변화가 일어날 것이라 본다. 이를 실현시키기 위한 정부의 적극적인 지원과 참여가 절실하다.

남북관계 속 현 2030 세대의 역할이 너무도 중요하다. 위에서 언급했던 경험처럼 남북의 청년들 서로 동질감을 형성할 수 있는 장을 스스로 형성해 나가야 한다. 남북의 2030 세대는 양극화로 변질된 이념과 사상의 프레임에서 벗어나 선대들의 노력과 그들이 추구한 가치, 그리고 현재까지 밟아 온 남북관계의 역사를 기억하고 계승해야 한다. 평화를 목표로 했던 선대들의 다양한 접근법과 그 과정 속 시행착오를 면밀히 공부하여, 이어나갈 요소는 계승하고 보완이 필요한 요소들은 보충해나가야 한다.

양극화된 이념과 사상이 다른 안건들을 삼켜버리는 일은 없어야 할 것이다. 또 남북의 2030 세대가 함께 만나 서로를 이해하고, 동질감을 형성해 나가는 시간 속에서 정치적 통일 준비와 함께 마음의 통일 준비도 동반돼야 한다. 일방적인 어느 한 형태만의 통일은 반쪽짜리 통일에 불과하다. 특히 '먼저 온 통일'이라 불리는 북한이탈 주민은 이같은 '통일 준비'에 있어 결정적인 역할을 수행할 수 있다. 외면할 것이 아니라 적극적으로 그들의 손을 맞잡고 나아가야 할 방향을 모색해야 한다.

이러한 기회를 만들 수 있는, 가장 중심에 서 있는 주체가 바로 국가다. 남북 청년들의 소통 채널 형성을 한반도 청년들과 NGO와 민간기관에만 맡겨둘 것이 아니라 직접 국가가 중심에서 앞장서 줄 것을 간청드리고 싶다.

한반도의 미래를 기약하며

한반도는 약 반세기 동안 전 세계의 주목을 받아왔다. 100년 동안 타국들이 훨씬 더 긴 기간동안 이룩했던 것들을 응축시켜 이룩해 냈고 그다음 시기인 현재 우리는 그 중심에 서 있다.

일제 식민 지배, 분단과 전쟁처럼 큰 사건 속에 속해 살아가야 했던 선대들 개개인들의 삶을 돌아보는 것은 어떠할까. 가까운 역사라고 불리는 사건들이 현재의 대한민국과 한반도 구성원들 개개인들에게 여전히 가장 큰 영향을 끼치고 있다. 본 사건들을 몸소 경험하신 분들과 위안부 할머님들, 국군 포로분들, 납북자분들 등, 그 경험으로부터 여전히 벗어나지 못하신 분들이 아직 생존해 계신다. 그만큼 우리에게 역사를 돌아보는 것은 국가와 국제사회의 맥락에서 각 안건들에 접근하는 것과는 또 다른 가장 중요한 과정이다.

선대들께서 상처를 치유하실 수 있도록 함께하는 일은 곧 우리의 상처를 치유하는 일이며, 또한 우리 자녀 세대들을 위해서 꼭 해

인류 사회의 미래이자 희망은 청년들과 자라나는 새싹들이다.

야만 하는 일이다. 선대들이 겪으셨던 피 터지고 뼈가 깎이는 고통을 하나하나 세세히 기억하고, 그 고통 속에서도 자녀들을 위해 일구어내신 사회를 우리는 기억해야 한다. 이 과정을 통해 앞 세대분들께서 경험하셔야 했던 뼈아픈 역사가 다시는 우리와 우리의 자녀들에게 반복되지 않도록 현재와 미래를 견고히 설계해나가야 한다.

한반도에 관련하여 다양한 경험과 생각을 가진 다양한 분야의 청년들과 국가의 행보에 대한 최종 결정 권한을 지니고 있는 '정치'에 대해 논하다 보면 항상 유사한 맥락의 질문들이 공론화됐다. 그 질문은 "과연 진보와 보수는 무엇일까?"였다. 필자와 동료들은 '보수'와 '진보'라는 개념의 시작과 역사에 대해 공부하기 위해 노력했다. 워낙 방대한 내용이기에 쉽지 않았지만 적어도 현재 한국 사회 내에 존재하는 보수와 진보의 개념에 대해서 돌아볼 수 있었기에 모두가 값진 시간이었다고 생각했다. 한국 사회 내에서 서로가 서로에게 부여하는 진보와 보수의 개념이 과연 무엇인지, 그리고 그러한 틀이 사회에 어떻게 작용하는지에 대해서도 지속적으로 논의했다. 논의의 끝에 청년들이 공통적으로 염원하는 것이 무엇인지 모두가 함께 깨달을 수 있었다.

현재 대한민국은 사회 문제에 대한 여론의 극단적 양극화로 사회가 심각한 진통을 겪고 있다. 양극화 현상을 어떻게 풀어 나갈지에 대해 다수의 청년들이 머리를 맞대고 고민하고 있다. 1차적으로는 학교에서 책으로 공부할 때는 너무도 당연하다고 생각했던 존중, 배려와 같은 가장 기초적인 요소들이 사회에서 오작동하거나 결핍돼 있다는 것을 알 수 있었다. 나아가 약 5000만 국민들의 민생을 설계하는 가장 중요한 요소인 국가의 '정책'이 여론의 양극화와 그 양극화에서 파생되어 나타나는 부정적인 현상들로 인해 국민들의 관념 속에서 멀어지고 있다. 갈등은 사회 내 집단들과 개개인들의 감정 다툼으로 변질되어 심각한 2차 부작용을 일으키고 있다는 것 역시 인지하고 예방해야 한다는 것을 알 수 있었다.

양극화로 인해 합리성과 객관성을 잃고 소모적 대립으로 이어지는 악순환을 청년들은 더 이상 지속하고 싶어하지 않는다. 민주주의라는 제도 속에서 청년들은 각 안건들에 대한 세부적이고 전문적인 분석이 기반이 된 정책의 구축을 보고 앞으로 다가올 수많은 유권자로서의 역할들을 일생동안 다해 나갈 것이다. 사회에 악영향을 생성해 내던 요소들로부터 탈피하여 합리성, 전문성, 객관성을 기반으로 한 정책의 설립과 실행을 통해 국가의 발전을 이룩해 낼 수 있다고 믿는 리더를 따를 것이다.

남북관계 역시 본 맥락과 동일선상에 있다. 다수의 청년들은 남북관계에 있어 국가는 국민, 가족, 동료들을 지키기 위해 순국한 장병들에게 정당한 예우를 갖추며 본질적인 평화를 위한 동등한 위치에서의 협상의 문은 열어 놓되, 국가의 존속과 국민들의 안위를 지키기 위한 국방과 안보는 탄탄히 하는 것이 가장 기초적이면서도 중요한 기반이라고 생각한다.

기존 존재했던 남북과 관련된 여러 갈등으로 인해 국민들은 피눈물을 흘리고 상처받아야 했다. 청년들은 그 틀을 깨고 벗어나 실무자 분들과 전문가분들 그리고 정책결정권자 분들께서 힘을 합쳐 대한민국의 합리적인 정책안과 대응 매뉴얼들을 갖춰나가면서 본질적인 평화를 위해 노력해 나가는 국가의 모습을 바라고 있다. 이념 논리에서 벗어난 객관성과 합리성을 기반으로 한 국정운영 능력을 갖춘 리더들을 청년들은 바라고 있다.

이에 청년들이 함께 논의했던 한반도와 관련하여 현재 보완되었으면 하는 안건들과 한반도의 미래를 위해 국가 지도부에게 당부하고자 하는 청년들의 메시지를 앞서 언급했던 내용들과 함께 정리해보고자 한다.

첫 번째는 일관성 있는 대북정책의 설계이다. 대한민국은 하나의 국가이다. 정부 교체에 따른 대북정책의 극명한 전환과 국면의 변화가 과연 남북관계의 발전에 긍정적인 영향으로 작용했는지 국민분들은 의문을 품고 있다. 정부 교체와 함께 다시 한번 비핵화 과정에 대한 논의와 북한인권에 대한 대한민국의 입장이 국제사회로부터 주목을 받게 될 것이다. 하나의 국가로서, 초당적인 대북정책 및 향후 남북관계 발전을 위한 장기적인 계획을 수립하는 과정이 필요하다고 본다. 현존하는 남북문제에 대한 소위 '남남갈등'이라고 불리는 국가 내의 갈등들을 해소하고 건강한 남북관계를 준비하는 하나의 대한민국이 될 수 있도록 노력해 주시기를 바란다.

두 번째는 가족들과 동료들 그리고 국가를 위해 순국한 장병들에 대한 국가 차원의 예의를 예외 없이 갖춰주셨으면 한다. 대외 정세와 관계는 국가의 존속과 국민들의 안위와 직결되는 안보와 국방과는 별개의 안건이다. 그 중심에서 우리를 지키기 위해 서 있는 장병들에게 국가와 국민들은 그 노고에 감사하며, 또한 그 과정에서 순국한 분들께는 국가 차원의 예우를 갖추는 것이 국가로서 행해야 할 너무도 당연한 의무이다. 이 안건과 관련해서는 그 어느 요소도 개입되어서는 안 되는 온전한 국가 내부의 사안이며, 국민과 국가를 보호해야 하는 국가의 입장에서, 이는 국가로서 갖춰야 할 가장 기초적인 자세이다.

세 번째는 인도적 지원에 대한 논의이다. 전문가분들과 실무자분들께 인도적 차원의 대북지원에 대해서 많은 이야기를 들을 수 있었다. 지원을 반대하는 것이 아니다. 국제적 차원의 인도적 지원과 원조의 개념에 따라 북 내의 취약계층에게 지원이 명확하게 전달되거나 지원 물자가 사용이 되는지, 모니터링이 제대로 이루어지지 못하고 있다고 들었다. 대북지원 물자가 어떻게 사용되는지에 대한 안건은 늘 대한민국 국민들 전체가 주목하는 안건이었으나 이를 자세히 알 수 있을 만한 자료도 정부의 발표도 찾기가 힘들었다는 것이 대다수의 생각이다. 물론 북한 정권의 특이성 때문에 많은 난관들이 존재한다고 들었다. 그렇지만 이러한 세부적인 부분이 보완되어야만 본질적으로 긍정적인 남북관계의 개선이 이루어지리라 청년들은 믿고 있다.

다음은 인권과도 직결된 사안이다. 또 한 명의 대한민국 국민인 북한이탈주민에 대한 부정적이고 이례적인 사건이 발생하지 않도록 국가가 노력해 주기를 바란다. 기존에 있었던 남북 간의 불미스러운 사건들로 인해 대한민국 국민들인 북한이탈주민분들은 피눈물을 흘려야 했다. 국민에 대한 정책은 정세와 관계의 상황에 따라 변화해서는 안 되며, 특히 자국민의 생명과 직결되는 사안에 있어서는 더욱이 국가의 입장에서 확고한 입장을 보여야 한다.

마지막으로 국가의 차원에서 일관성을 기반으로 한 청년 세대와 그다음 세대를 위한 장기적인 통일준비를 해주실 것을 간청 드린다. "당장 통일을 해야 한다. 혹은 통일을 하지 말아야 한다."식의 이분법적 질문은 현재 한반도의 상황을 고려했을 때 알맞은 질문이라고 생각하지 않는다. 남북관계의 정세 변화, 대북 정책과 무관하게 국가 차원의 안정적인 통일 인재 양성과 한반도 청년들의 동질감 형성을 위한 플랫폼 조성이 필요하다. 객관적이고 합리성이 기반이 된 장기적 통일 준비를 이룩해 내려면 일관된 정부 지원도 필요하다는 목소리도 꾸준히 나오고 있다. 향후 남북관계를 고려했을 때 급변사태를 대비함과 동시에 교류와 관계 발전, 장기적으로 통일을 준비하고 있다면 중장기적인 통일 인재 양성 및 통일 준비는 필수적인 요소이다. 이에 국가가 직접 나서서 중심이 되어 국제사회의 한반도 전문가들과 협력하여 이념의 틀을 넘어선 객관성을 기반으로 한 통일 인재 양성, 교류, 교육기관 및 한반도 청년 연합 플랫폼 설립이 필요하다.

본 안건들은 한반도의 청년들이 함께 모여 한반도 내의 안건들에 대한 청년 어젠다를 형성·전달하기 위해 설립된 한반도청년미래포럼에서 함께 논의한 사안들이다. 전체 청년들의 의견이라고 말하기는 어렵지만, 이는 적어도 보수와 진보, 좌와 우의 어느 한쪽의 틀 속에 갇힌 어젠다들이 아닌, 하나의 국가 속에서 청년 세대와 그다음 자녀 세대들을 생각했을 때 보완되었으면 하는 요소들을 전달하기 위해 청년들이 함께 논의한 안건들이다.

세대 간의 정서적·현실적 격차로부터 발생하는 통일인식에 대한 갈등을 넘어, 힘든 여건 속에서도 피나는 노력을 하는 청년들을 위해, 국가와 사회가 함께해 줄 것을, 남북관계의 본질적인 발전을 위해 전념하고 있는 대한민국의 한 청년으로서 한반도의 밝은 미래를 위해 국가 지도부에 간곡히 요청드리는 바이다.

한 세기를 함께 **살아가는 청년들**에게

　역사는 길고도 길다. 인류의 역사 속에서 근 100년은 너무도 짧다. 그 100년 속에서도 지금 우리가 함께 서 있는 이 순간은 더욱더 짧고도 전체 연표에서는 하나의 점과 같은 시점이다. 그럼에도 불구하고 우리는 모두 각자만의 가치가 있다. 우리는 살아 숨 쉰다. 각자가 태어나 좋아하는 것, 사랑하는 것이 있고, 원하는 삶의 방식이 있으며, 목표를 향해 나아가고 싶어한다. 풍파는 늘 존재해왔다. 역사를 보면 인류는 풍파 속에서 살아왔다고 해도 과언이 아니다. 그렇지만 그 속에서 풍파를 이겨내고 지금까지 온 것 역시 인류이다. 그리고 이제 현재를 살아가는 2030 세대의 차례이다. 한 생을 살아가면서 어떠한 삶을 살아갈지를 선택해야 하는 선택의 갈림길에 가장 많이 마주하는 시기가 2030시기라고 말한다. 나는 2030 세대 동료 청년들이 전쟁의 폐허 속에서 산업화를 이루고 민주화를 이겨내었던 것처럼 현재에 필요한 가치들을 찾아 이룩해 낼 것이라 믿어 의심치 않는다. 한번 삶을 살면서 돈과 명예를 넘어서서 조금 더 본질적으로 가치있는 선택을 하게 되고 그 선택들이 모여 우리 자녀 세대에게 자랑스럽게 물려줄 수 있는 사회를 함께 만들어 나가는 2030 청년 세대가 되었으면 한다.

우리는 살아간다. 조금 더 행복한 삶을 살아가기 위해 노력한다. 이를 위해 기쁨, 슬픔, 아픔, 행복처럼 국가와 국제관계가 소용돌이치는 거시적인 맥락 속에서 사람들이 어떠한 감정을 느끼고 살아왔는지를 우리는 듣고 배워왔다. 거기에서 더 나아가 어떠한 시행착오를 반복하지 말아야 하는지, 어떻게 해야 긍정적인 방향으로 사회를 이끌어 나갈 수 있는지 모두가 함께 고민해야 한다. 그렇게 역사는 흐른다.

근 100년의 뼈아픈 역사를 몸소 경험하셨던 분들께서 이제 청년들에게 의지하시기 시작하셨다. 세월이 흐르고 이제 사회의 원동력이 될 2030 세대들이 성장하며, 사회 속에서 자신들의 자리를 찾아가고 있다. 물론 현실적으로 힘든 시기에 쉽지 않은 과정이다. 그래도 그 속에서 한 줄기의 빛을 찾아내기 위해 모두가 노력하고 있음을 애써 말하지 않아도 동료 청년들은 알고 있다.

나 역시 격동의 남북관계 속 기나긴 한반도의 여정에 몸을 담은 한 사람으로서 동료 청년들에게 힘을 보태고자 한다. 글이 큰 힘을 가지고 있다는 것을 역사를 공부하면서 깨달을 수 있었다. 좋은 글과 나쁜 글의 판단과 무관하게, 단 한 명일지라도, 그 글을 읽은 독자가 긍정적인 영향을 받았다고 스스로 느끼고 생각한다면 그 글은 좋은 글이라고 생각한다. 그 긍정적 영향력을 통해 독자들의 삶이 긍정적인 방향으로 변화하거나, 꿈꾸던 바를 실천할 수 있도록 원동력이 되어 준다는 것이 곧 글의 힘이라고 생각한다. 나 역시도 많은 분들께서 글을 통해 전달해 주신 긍정적 영향에 힘을 빌려, 한반도의 현재와 미래에 자그마한 보탬이라도 될 수 있도록, 동료들과 함께 조금 더 앞으로 나아가보고자 한다.

그렇게 앞으로도 청년들에게 힘든 현실에 대한 외침을 넘어서서, 사회에 존재하는 많은 틀에 얽매이지 않고 조금 더 자유롭고 긍정적인 메시지들을 전달하고 싶다. 고단한 현실 속에서 역경을 이겨내기 위해 함께하는 동료 청년들에게 아낌없는 격려와 희망의 메시지를 전달하고 싶다. 필자를 비롯한 많은 동료 청년들이 힘든 현실 속에서도 조금 더 나은 사회를 만들어나가기 위해 함께 힘을 합쳐 나아가고 있다.

마지막으로 청년들에게 전달하고자 하는 메시지가 있다. 필자 역시 2030 세대의 일원으로서 힘든 현실을 되새김질하는 과정이 쉽지 않았다는 점이다. 그동안 줄곧 이야기했던 것처럼 우리 선대들은 일제 식민지배, 분단, 전쟁, 산업화, 민주화라는 또 다른 유형의 살이 찢기는 역경을 이겨내며 지금의 대한민국을 이룩해 내셨다. 우리는 그런 아버지, 어머니 세대들의 그 끈기와 능력을 물려받았다. 현실은 절망적이지만 MZ세대 역시 선대들처럼 이 역경을 보기 좋게 극복해 낼 수 있을 것이라 필자는 굳게 믿어 의심치 않는다. 시대를 함께하는 동료 청년들에게 무겁지만 희망적인 메시지를 던지며 이 글을 마무리한다.

2030 세대와 한반도의 미래
언론 칼럼 기고문

한반도 전역에 2030 바람이 분다

2021. 7. 13. 매일경제 기고문

현재 대한민국은 '청년', '세대교체', '2030'이 사회적 관심사로 떠올랐다. 일자리를 얻고 결혼을 하고, 집을 장만하는 것에서 소외되었던 청년들이 그동안 억눌러 왔던 불공정한 현실에 대한 분노를 집단행동으로 표출하기 시작한 만큼 이들의 목소리는 이제 정치뿐 아니라 각 분야에서 더욱 커질 것으로 기대된다.

비교적 청년들의 관심 밖이었던 남북 문제도 공정과 인권이란 관점 때문에 주목을 받기 시작했다. 지난달 이준석 국민의힘 대표가 취임 후 첫 방문지로 대전 현충원을 찾아 천안함 희생 장병의 유족과 만나 또다시 눈물을 흘린 것도 청년들의 공감을 불러일으켰다.

북한 역시 2030이 사회 변화의 방아쇠인 듯 보인다. 북한에서는 2030 세대를 '장마당 세대'라고 부른다. 고난의 행군 여파로 북한 내부에 시장경제가 형성됨에 따라 외부 문물을 쉽게 접하면서 자라난 1990년대생들을 일컫는 말이다. '장마당 세대'는 우리와 다

121

를 바 없이 방탄소년단의 음악을 듣고 뮤직비디오를 본다. 이런 현상이 번지자 북한은 지난해 12월 한국과 미국, 일본 등 외부 영상물 유포자 및 시청 주동자를 최대 사형에 처하고 관련자도 최대 15년 노동교화형에 처하는 내용을 골자로 하는 '반동사상문화배격법'을 제정했고 실제로 유포 및 시청이 발각돼 처형을 당한 케이스들이 보고되기도 했다. 장마당 세대는 북한 정권의 만행에 정의를 기치로 저항하는 세대다.

이처럼 남북 모두 청년 세대가 '긍정적 변화의 주역'으로 떠오르고 있다. 다행히 체제나 이념이 아닌 문화가 남북 청년 세대의 이질감을 해소해 주며 공정이라는 가치가 이들을 결속해 주는 듯 보인다.

변화의 주역으로 떠오른 남북 2030 세대 간의 공감대와 동질감 형성을 위한 소통의 채널이 매우 중요해지고 있다. 남북관계가 건실하게 발전하기 위해서는 북한 수뇌부의 관심보다는 남북한 청년들이 공감할 수 있는 공정과 문화의 가치에 더욱 관심을 기울여야 한다고 생각한다. 사회주의 국가나 저개발 국가를 막론하고 젊은이들을 열광케 하는 한류 역시 장마당 세대인 북한 2030 세대의 마음을 얻을 수 있는 기회다. 남북 청년들이 공감하는 문화와 공정의 가치를 앞세우는 노력을 비정부기구(NGO)나 민간에게만 미룰 것이 아니라 정부 차원에서의 관심을 촉구하고 싶다.

남북 청년 소통채널 구축하자

2021. 9. 7. 디지털 타임스 기고문

"요즘 애들 먹고 살기 힘들어서 통일엔 관심도 없어."라는 말은 소위 사회에서 '기성세대'라고 불리는 분들이 자주 나누곤 하는 대화다. 청년들에게 통일의 필요성에 대해 묻는 미디어 콘텐츠가 종종 있다. 다수의 청년들은 통일을 하게 된다면 소위 '통일 비용'이라는 막대한 비용을 자신들이 부담해야 한다고 생각하고 있었다. 청년들로부터 긍정적인 답변을 얻기는 쉽지 않다는 말이다.

하지만 질문의 관점을 조금만 틀어보자. "북한 내부 요인으로 북한 정권이 붕괴한다면 북한의 영토와 주민들은 어느 국가와 통합되어야 한다고 생각하십니까"라는 질문이었다면 과연 답변이 같은 양상을 보였을까. 한국과 통합되어야 한다는 대답이 절대 다수를 이룰 것이라 말할 수 있을 것이다. 따라서 우리는 통일의 '필요성'이 아닌 '접근법' 혹은 '방법론'을 질문해야 할 것이다. 남북 동질감 형성 경험이 부족한 청년들에게 통일 감정 호소는 더 이상 와 닿지 않는다.

그렇다면 2030 세대의 일원 중 한 사람으로서, 필자의 경험을 기반으로 통일 인식 변화의 방법을 제시해본다. 첫째, 통일 교육을 통해 2030 세대와 그 이후 세대에게 분단 및 전쟁의 원인과 현 남북 관계까지의 시행착오, 그리고 이에 대한 당위성 등을 학습할 수 있는 우선적 기회를 부여해야 한다. 둘째, 통일이 되면 한반도 전체에 미치게 될 실질적이고 유의미한 발전 및 성장 가치를 객관적으로 연구하고 수치화해 청년들과 국민들에게 제시해 주어야 한다. '당위적 통일'과 '실리적 통일', 모두를 동시에 준비하여야 한다.

이를 위한 통일의 탈 정치화 및 장기 국가 프로젝트화 라는 두 가지 프로젝트의 달성 역시 요구된다. 정권 교체와 무관하게 국가시스템을 기반으로 한 연구와 분석이 장기간 지속적으로 진행돼야 한다는 것이다. 객관적 분석에 따른 각 분야별 통일에 필요한 인프라의 수치를 조율하고 체계적인 통일 과정 매뉴얼을 완성시켜 나가는 모습을 보여준다면 국민 여론은 변화할 것이다.

가장 중요한 세 번째 단계는 국가 차원의 남북 2030 청년들의 소통 채널을 구축하는 것이다. 필자는 NKDB 북한인권정보센터에서 인턴으로 재직하면서 일명 '먼저 온 통일'이라 불리는 북한이탈주민, 그중에서도 북의 2030 세대인 '장마당 세대' 청년들을 만날 수 있었다. 최근 함흥에서 온, 필자보다 한 살 어린 동생과 축구 이야기를 나누며 그에게 손흥민 선수의 유니폼을 선물했다.

두 사람 모두 각자 남북에서 같은 시기에 군 복무를 하였으니

불과 얼마 전까지는 총구를 서로 겨누는 적대적 관계였지만, 지금은 형과 동생으로 손흥민 선수에 대한 이야기를 나누는 다정한 사이가 된 것이다. 필자가 경험한 바와 같이 센터에서는 남북 청년들이 함께 소통할 수 있는 기회가 많았다. 서로가 만나 각자의 이야기를 공유했을 때 이미 우리는 같은 '인간'이라는 가치 아래 자신의 내적 변화를 경험했다.

이처럼 서로의 공감대와 동질감을 형성할 수 있는 소통의 기회를 더 많은 청년들이 가져야 한다. 이를 위해 비정부기구(NGO)와 같은 민간뿐만 아니라 국가 차원에서도 적극적으로 참여와 지원을 해줘야 한다.

현 2030 세대의 선대 분들은 근 100년 동안 식민지배, 분단, 전쟁, 산업화의 고통을 견디어 내고 나아가 민주화라는 가치를 이룩하여야만 했다. 뼈아픈 과정들 속에서 선대들이 입었던 상처들을 우리는 기억해야 한다. 그 상처들은 흉터가 되지 못한 채, 여전히 벌어진 모양새로 현재까지 사회에 큰 영향을 주고 있다.

그러므로 선대들의 상처를 치료해 나가는 것은 우리 세대의 숙명이다. 현 2030 세대는 선대가 경험해야 했던, 그 뼈아픈 경험들을 간접적으로 목격했다. 말과 글을 통해 어떠한 과정을 거쳐 현재의 대한민국을 건설하였는지 우리는 배워왔다. 그렇기에 우리 세대는 사회 갈등 속에서 양극화의 중심이 된 역사적 경험들을 보다 객관적으로 바라볼 수 있는 기회와 역량이 있다. 그 기반을 토대로 남북의 2030 세대가 이제까지 급속도로 달려온 대한민국이 놓쳤거나 손상시킨 것들을 보완해야 한다.

　그 과정을 위하여, 또한 통일로 가는 길목에 가장 우선적으로 요구되는 기반은 '마음의 공유를 통한 동질감' 형성이다. 국민 간 동질감 형성에 실패한 정치 시스템적 통일은 외견만이 번듯한 통일일 것이다. 내부는 성숙되지 못한 채로 여전히 분리되어 있을 것이다. 필자가 제시한 단계들이 완성되었을 때 비로소 기성세대에게 많은 우려를 안긴, 통일에 대한 청년들의 부정적 견해에 긍정적 변화가 일어날 것이라 본다. 이를 실현시키기 위한 정부의 적극적인 지원과 참여가 절실하다.

"통일 꼭 해야 돼?"에 대한 답변

2021. 9. 28. 디지털 타임스 기고문

남북관계에 관심을 갖고 지속적으로 공부와 활동을 해온 만큼 지인들은 필자에게 동일한 질문들을 자주 던지고는 한다. 특히 2030 세대 동년배 친구들이 항상 던지는 질문은 모두 유사하다. "야, 우리가 왜 통일을 꼭 해야 되냐? 우리 먹고살기도 바빠 죽겠는데 그 세금을 우리 보고 내라고?", "한국에도 가난해서 죽는 사람들도 있는데 왜 북한 사람들까지 신경을 써야 되는지 설명 좀 해줘라."라는 질문을 자주 받는다.

취업과 생계, 집 마련 등 현실적인 장벽에 부딪쳐 만신창이가 되어가는 청년세대가 이러한 질문들을 던지는 것은 너무도 당연한 일이다. 고로 필자는 청년들에게 남북관계와 통일에 관심을 가질 것을 강요하고 싶은 마음은 조금도 없다. 남북의 복잡한 관계를 개선해 나가는 것이 우리 염원대로 이루어지는 일이 아니라는 것을 우리는 지난 70년간 몸소 경험해왔다. 통일 역시 희망한다고 하루아침에 이루어지는 것이 아니다.

필자 역시 섣부른 통일은 극히 반대하는 입장이다. 통일을 장기적인 국가의 목표 중 하나로 설정하고 국민들이 우려하는 통일 자본의 문제부터, 다각적으로 존재하는 시스템적·정서적 난관들을 극복해 나가기 위해 미시적인 요소부터 점진적으로 면밀히 준비해야 한다. 약 1세기 동안 갈라져 있던 완전히 다른 두 개의 국가가 하나가 되는 일은 지구상에 존재했던 그 어느 작업과도 비교할 수 없을 만큼 방대하고 복잡한 작업이라는 것을 우리 모두가 알고 있다.

그 준비의 시작으로 필자는 줄곧 남북관계의 긍정적 발전에 기여하는 것을 목표로 설정한 청년들에게, 국가와 사회가 이념 갈등에서 벗어나 더 다양하고 넓은 플랫폼을 형성해 줄 것을 촉구해왔다. 국가를 중심으로 한 자본과 인프라를 기반으로, 다양한 분야의 인재들이 각자의 전문분야를 북한 문제와 접목시켜 북한에 대한 전문성을 쌓을 수 있어야 한다. 북한학이 상대적으로 정치와 외교 분야에 집중되어 있는 현재의 한계를 넘어서서, 사회를 구성하는 데 필요한 모든 분야에서 북한 전문가들이 배출되어 대한민국과 남북관계의 주춧돌이 되어야 한다.

이러한 과정이 축적되다 보면 이전보다 더 많은 인재들이 한반도 문제에 관심을 갖고 활동을 하게 될 것이다. 이는 통일 여론의 긍정적 변화는 물론 국가 시스템과 사회 구성 요소, 나아가 국민 정서 또한 통일에 실질적으로 더욱 가까워질 것이다. 장기간 동안 통일이라는 공통된 목표를 향해 세분화된 준비가 이루어지지 않은 민족 담론과 정치, 회담, 협상에 국한된 통일 논의는 한계가 너무도 크고 미흡한 접근이라는 것을 이제까지의 경험을 통해 확인할 수 있었다.

북한의 2030 세대인 장마당 세대는 남한 문화를 습득해나가기 시작했다. 한류를 접하고 자유를 동경하면서 장마당 세대는 스스로의 사고방식과 언행 또한 변화시키고 있다. 이러한 장마당 세대의 자발적인 변화 움직임에 체제 붕괴의 위협을 느낀 북한 당 중앙이 그 흐름을 절단하기 위해 반동사상문화배격법을 제정한 것이 그 증거다.

대한민국 청년들도 힘을 합쳐 스스로 남북관계의 미래를 준비해나가고 있다. 필자가 현재 인턴으로 재직하고 있는 NKDB 북한인권정보센터의 청년들이 그 예시 중 하나이다.

청년들은 현재 두 가지 프로젝트를 동시에 진행 중이다. 첫째는 북한 인권 온라인 박물관 '북한 인권 라키비움' 프로젝트이다. 정치적·외교적 안건으로서의 북한 인권이 아닌, 인권의 본질과 북한 인권의 역사와 현재 그리고 미래를 논하기 위해 다각적인 관점에서 북한 인권에 접근하여 박물관 형식의 공개 플랫폼을 형성해 나가고 있다.

다른 하나는 북한 인권침해 지리 정보 플랫폼 '비주얼 아틀라스'이다. '비주얼 아틀라스'는 북한 주민 인권침해 사건을 장소별로 구글 위성지도에 표기한 시각 기반 정보 데이터베이스이다. 청년들은 함께 모여 북한이탈주민분들께서 공개에 동의해 주신 인권침해 경험 진술을 기반으로 증언자료들을 교차 검증하여, 정치범 수용

소 등 인권침해가 발생했던 장소들을 직접 지도에서 밤낮으로 찾아
내며 데이터베이스를 구축해나가고 있다. 또한 이를 영어로 번역하
여 국제사회에 북한 인권 실태를 알림으로써 북한의 인권상황 개선
을 위한 소프트파워를 형성해 내기 위해 쉴 새 없이 노력하고 있다.

이처럼 남북의 청년들 모두가 목숨을 걸고, 밤낮을 가리지 않
고 한반도의 정의와 본질적인 평화를 되찾기 위해 태동하고 있다.
세대 간의 정서적·현실적 격차로부터 발생하는 통일인식에 대한 갈
등을 넘어, 힘든 여건 속에서도 피나는 노력을 하는 청년들을 위해,
국가와 사회가 함께해 줄 것을, 남북관계의 본질적인 발전을 위해
전념하고 있는 대한민국의 한 청년으로서 간곡히 요청하는 바이다.

'청년과 북한' 희망을 놓지 말자

2021. 10. 19. 디지털 타임스 기고문

지금은 코로나 팬데믹의 시대다. 지구 재난 영화 속에서나 볼 수 있었던 그 모습을 우리는 인지할 수 있는 모든 정신과 육체로 체감하고 있다. 전 세계적으로 수많은 사람들이 가족과 친구, 동료를 잃었다. 각자의 방식으로 팬데믹에 대처해 나가기 위해 각 국가들은 노력하고 있지만, 현재까지 입은 피해와 예측 불가능한 바이러스와의 전쟁 양상은 지구인들을 더욱 절망 속으로 빠뜨리고 있다. 대한민국의 경우도 이를 피해 갈 수 없었다. 기존에 존재했던 정치, 경제, 세대, 젠더 갈등과 그 외의 수많은 소모적인 갈등으로 사회는 이미 그 통증을 호소하며 분단되어가고 있었다.

그 찰나에 코로나 바이러스가 기폭제로 작용하면서 사회는 더 큰 혼란 속으로 빠져들었다. 역사 교과서 속에서나 배우던 통금을 우리는 통금이 아닌 방역이라는 명칭 아래 경험했다. 2인 이상 집합 금지가 더해져 자영업자분들을 비롯한 수많은 사회 구성원들이 생계에 위협을 받으며 스스로 생을 마감하는 일까지 발생했다.

코로나의 경제적 타격은 그 유형을 가리지 않았다. 작은 개인부터 대기업까지 모두를 휘청거리게 했다. 제조업, 관광산업 아니 사회를 구성하는 모든 산업에 그 피해가 파생되어 이를 악물고 버티고 있는 것이 현실이다. 결국 기존에 존재하던 갈등들과 생존이라는 요소가 결합되어 사회는 더욱더 양극화되어갔고 예의와 존중은 사라져갔으며, 서로가 생존하기 위해 불안 속에서 더욱 심하게 다투기 시작했다.

엎친 데 덮친 격으로 예상하지 못한 부분에서까지 문제가 발생했다. 마스크 착용으로 인해 언어를 습득해 나가는 과정에 있는 유아들이, 입 모양을 통해 언어를 인지하는 능력을 습득하지 못하는 현상까지 나타났다. 코로나는 우리의 신체 내부뿐만 아니라 개개인의 시간과 행동반경, 그리고 인류의 생물학적, 사회학적, 아니 인류의 사회 구성 요소 전체에 침투했다. 미시적 단위로 접근하여 사회 구성원 개개인들의 사례들을 듣다 보면 밀려오는 절망감과 무기력감, 사태 수습의 조급함에 대한 심리적 압박감이 배로 밀려오는 것이 현실이다.

청년들 또한 피눈물을 흘린다. 국가의 가장 큰 과제인 청년취업과 결혼, 출산율과 관련된 안건들을 앞으로 어떻게 해결해 나갈 것인지 그 실마리를 찾아 나가기 더욱더 힘든 상황이 되어가고 있다. 코로나로 인해 이전에도 심각한 취업난을 겪던 청년들에게 일자리 찾는 일은 더욱 힘들어졌고, 청년층 대다수가 생계유지에 대해 더욱 깊이 걱정을 하고 있다.

집값 폭등으로 인해 자그마한 집 마련에 대한 꿈마저 사라져버린 상황에서 신혼과 육아에 대한 꿈은 이미 소멸된 지 오래다. 기성 세대 때와는 다르게 열심히 노력해도 이루어낼 수 있는 것이 없다는 현실에 절망감과 무기력감을 느끼는 청년들이 증가했다. 청년들의 생존형 주식시장 유입과 복권 구입, 명품 소비가 증가했다. 사라져 버린 희망 속에서 기존에 존재하던 세대 간 갈등은 청년들의 상처를 더욱 깊게 후벼 팠다.

필자는 '청년과 남북관계'를 중심주제로 하여 줄곧 청년들의 입장과 생각을 대변하고 동료들과 함께 지속적으로 논의해 이러한 문제들에 대한 차선책들을 최대한 제시하고자 노력해왔다. 동료들과의 논의 과정에서, 남북관계는 우리가 피한다고 피해지지 않는다는 것을 이미 역사가 증명했으며, 또한 우리 세대는 그 역사를 절대 잊어서는 안 된다고 재차 강조해왔다. 자신의 생계조차 장담할 수 없는 처참한 현실 속에서 남북관계에도 신경을 곤두세워야 하는 것이 현 2030 세대의 처지다.

필자는 이전 기고문에서 청년들의 인식에 대해 부정적인 메시지만을 보낼 것이 아니라 청년들이 체감하는 현실을 사회가 이해해 줄 것을 당부했다. 또한 국가의 재정상황이 받쳐줄 수 있을지 의문이지만, 이러한 힘든 여건 속에서도 남북관계의 긍정적 발전에 기여하는 것을 목표로 피땀 흘리며 뛰는 청년들에게 남북관계의 중심에 서 있는 국가가 정치적 이념 갈등에서 벗어나 장기적이고 적극적인 재정적·제도적 지원을 해줄 것을 간곡히 부탁했다.

필자는 이번 글을 통해 '통일정책'과 '대북정책'의 차이점을 논하고, 나아가 현재 청년들의 현실적인 여건을 고려해 통일에 대한 안건을 잠시 2선으로 배치해 놓더라도, 대북정책과 남북관계에 대한 인식의 끈을 왜 우리가 절대 놓아서는 안 되는지에 대해 동료 청년들에게 이야기하고자 했다. 하지만 그 이전에 왜 청년들과 다수의 사회 구성원들이 남북관계와 통일에 무관심하며 부정적 인식을 갖게 되었는지 그 현실과 입장을 면밀하게 논하는 것이 가장 먼저 필요한 과정이라고 생각되어 이 글을 쓴다.

마지막으로 청년들에게 전달하고자 하는 메시지가 있다. 필자 역시 2030 세대의 일원으로서 힘든 현실을 되새김질하는 과정이 쉽지 않았다는 점이다. 그동안 줄곧 이야기했던 것처럼 우리 선대들은 일제 식민지배, 분단, 전쟁, 산업화, 민주화라는 또 다른 유형의 살이 찢기는 역경을 이겨내며 지금의 대한민국을 이룩해 내셨다. 우리는 그런 아버지, 어머니 세대들의 그 끈기와 능력을 물려받았다. 현실은 절망적이지만 MZ 세대 역시 선대들처럼 이 역경을 보기 좋게 극복해 낼 수 있을 것이라 필자는 굳게 믿어 의심치 않는다. 시대를 함께하는 동료 청년들에게 무겁지만 희망적인 메시지를 던지며 이 글을 마무리한다.

북한 2030 '장마당 세대'서 희망을 본다

2021. 11. 16. 디지털 타임스 기고문

　　북한에서 집결소는 비법(불법) 월경자들을 보위부와 같은 관할 기관으로 압송하기 전에 감금하는 임시 수용시설이며, 계호는 교도관을 뜻한다. 보위부는 체제 유지를 위해 운영되는 정보기관이다. 위의 사례들은 필자가 인턴으로 재직했던 NKDB 북한인권정보센터에서 구축한 북한인권침해 지리 정보 플랫폼 '비주얼 아틀라스'에 축적된 증언 기록들이다. 9명의 미성년자를 총살하는 행위, 학교를 졸업하고 입대를 할 나이이면 고등중학교를 졸업한 17살, 18살 정도의 아이들이다. 체제에 위협이 되는 한국 영상물을 시청했다는 이유로 아이들 9명을 총살시켜버렸다. 강제 낙태의 경우 북송된 임산부들이 주된 피해자이다. 강제 낙태 가해자들은 임산부들이 중국 남성의 아이를 임신했다고 간주한다. 따라서 뱃속의 아이는 '조선 순수 혈통'이 아니라 여겨지며 강제 낙태가 강행된다. 강제 낙태 후 어떠한 의료 조치도 받을 수 없다. 이처럼 상상을 초월하는 수많은 인권 침해 행위들이 강 건너 북한에서 발생하고 있다.

외부와 철저히 차단되어 당의 사상교육 아래 다져진 김일성에 대한 충성심으로 인해 북한 내부 기성세대의 인권탄압에 대한 반감은 억눌려 있었다. 하지만 김일성을 책을 통해 배우고 장마당을 통해 외부 문물을 접하며 성장한 북한의 2030 세대인 '장마당 세대'는 다르다. 인권탄압에 대한 그들의 저항을 북의 수뇌부는 그 어느 물리적인 힘보다 더 두려워하고 있다.

장마당 세대는 자신들이 보고 듣고 느끼고 싶어하는 것들을 위해 리스크를 과감하게 감수한다. 매일 밤 친구들과 이불을 뒤집어쓴 채 BTS의 뮤직비디오와 사랑의 불시착을 시청하며 남조선 문화를 흡수·표출하고 있다. 북의 수뇌부는 이러한 현상을 체제 유지에 가장 큰 위협으로 감지하고, 이를 뿌리뽑기 위해 '반동사상문화배격법'을 제정해 강력히 처벌하고 있다. 하지만 청년들의 자유와 정당한 권리를 향한 갈망을 꺾는 일은 쉽지 않아 보인다.

대한민국은 지난 70년간 산업화, 민주화를 이룩해 냈으며, IMF를 극복하고 이례 없는 발전을 이룩해왔다. 그리고 사회적 위기라고 거론되는 현재, 2030 세대가 사회에서 결여되었던 그들의 어젠다를 찾아나가며 새로운 사회 변화의 주역으로 떠오르고 있다. 하지만 북은 동일한 70년 동안 유일사상체계 확립에 집중했고, 외교적으로 고립되었으며, 국가 경제가 그 기능을 상실했다.

그 결과 200만, 아니 정확한 추산이 불가능할 만큼의 아사자를 낸 고난의 행군을 겪어야 했다. 주민들은 생존을 위해 대거 탈

출을 감행하거나, 살아남기 위해 스스로 장마당이라는 시장경제 형태의 플랫폼을 형성해나갔다. 그리고 그 속에서 태어난 장마당 세대가 드디어 북한 내부 사회변혁의 주역으로 떠오르고 있다. 이러한 북한 내부의 인류 보편적 가치를 향한 변화 움직임에 힘을 실어주기 위해 전 세계의 청년들이 함께 소프트파워를 형성해 내어 이를 전달해 주고 있다.

일제강점기 우리의 선대들은 기약 없는 독립을 위해 목숨을 걸고 저항하셨다. 한국전쟁 시기, 가족들과 동료들을 지킨다는 생각 하나로 자아를 잃어가며 싸우셨다. 산업화 시기, 가족들을 먹여 살리겠다는 집념 하나로 한강의 기적을 이룩해내셨으며. 민주화 세대분들은 민주화가 이루어질 수 있을지 모른다는 불확실성 속에서도 열망 하나로 투쟁하시어 결국 민주화를 이룩해내셨다.

현재 '한반도 청년세대'의 태동 역시 그 끝맺음이 어떻게 역사에 기록될지는 아무도 알 수 없다. 다만, 그들의 움직임이 선대들의 움직임처럼 국가관계, 국제관계, 그 외에 존재하는 수많은 이해타산적 틀들을 뛰어넘어 '인간'이라는 동일한 가치 아래, 사회에서 결핍되었던 더 나은 인류 보편적 가치를 향한 움직임이라는 것은 확실하다.

청년들은 선대들이 품었던 인류 본질적 가치에 대한 열망 그리고 실천의식 속에서 함께 성장해왔다. 고로 선대들의 후손들답게, 또한 그들의 다음 세대를 위해, 현 2030 세대 역시 그들이 열망하는 그 가치들을 이룩해 낼 것이라 필자는 확신한다.

독립투사 분들, 위안부 할머님들, 호국 영웅 분들, 산업화와 민주화의 주역 분들 모두 각자가 살아온 시대에, 그 사회가 필요로 하는 인류 보편적 가치들을 이룩하기 위해 노력해오셨고, 현재에도 수많은 사회구성원들과 한반도의 청년들이 그 가치들을 위해 끊임없이 노력하고 있다는 것을 잊어서는 안 된다.

남북의 청년들이 정의와 공정을 위해 한반도 내부에서 태동하고 있다. 대한민국의 청년들은 기존 사회에 만연해 있는 극단적 양극화 프레임에 흡수되지 않도록 주의하고, 어떠한 부분에서 대한민국의 건강에 적신호가 켜졌는지 그 원인을 찾아내어 스스로의 미래와 후대를 위해 하나씩 점진적으로 회복시켜 나가야 할 것이다. 북한문제 역시 처참한 북한 내부의 인권탄압을 외면한 채 북한 수뇌부의 요구 사항에 맞춰가며 정치적 협상만을 통해 이룩한 '평화'가 과연 우리가 목표하던 평화이자 통일을 향해 나아가는 과정인지, 우리는 우리 스스로에게 질문해야 한다.

탄압받고 있는 북한 주민들과 청년들이, 자신들을 외면한 채 이루어 낸 평화와 통일을 진정한 평화와 통일로 받아들일지 우리 모두가 멈춰 서서 다시 생각해 봐야 한다. 후대가 우리를 어떻게 기억하게 될지, 그 선택은 우리에게 달려있다.

고단한 현실 속에서 역경을 이겨내기 위해 함께하는 동료 청년들에게 아낌없는 격려와 희망의 메시지를 전달하고 싶다. 필자를 비롯한 많은 동료 청년들이 힘든 현실 속에서도 조금 더 나은 사회를 만들어나가기 위해 함께 힘을 합쳐 나아가고 있다. 남북의 MZ 세대 역시 선대들처럼 이 역경을 보기 좋게 극복해 낼 수 있을 것이라 필자는 굳게 믿어 의심치 않는다.

역사 속 대한민국은 어디에 있는가

2021. 12. 7. 디지털 타임스 기고문

필자는 사학, 즉 역사를 전공했다. 역사를 배우면서 가장 많이 연습했던 것은 과거로의 이입이었다. '역사'는 암기하는 것이 아니다. 당시를 살아가던 사람들에게 내 자신을 이입하여 그 당시의 시대 배경 속에서 사람들이 어떠한 감정을 느끼고 어떠한 생각을 하며 살아왔는지를 몸소 느끼고 깨닫는 것이 역사에 다가가는 가장 기본적인 과정이라고 배웠다. 큰 사건이나 시대 배경 속에서 삶을 꾸려야 했던 선대들이 느꼈던 감정들과 생각하셨던 것들을 몸소 느끼고 깨닫는 과정은 현재의 나와 현재를 함께 살아가는 사회구성원들의 모습을 알아가는 과정 중 하나이다. 선대들의 생각과 몸짓은 지금의 우리를 만들었고, 현재 우리가 하는 생각과 몸짓들이 후대들이 살아가게 될 사회 형성에 큰 영향을 줄 것이다. 이처럼 우리의 현재 모습을 알기 위해서는 과거를 돌아봐야 하며, 또한 과거를 통해 현재를 돌아보고 이를 토대로 미래를 계획해 나가는 것이 역사의 과정이다.

일제 식민 지배, 분단과 전쟁처럼 큰 사건 속에 속해 살아가야 했던 선대들 개개인들의 삶을 돌아보는 것은 어떠할까. 가까운 역사라고 불리는 사건들이 현재의 대한민국과 한반도 구성원들 개개인들에게 여전히 가장 큰 영향을 끼치고 있다. 본 사건들을 몸소 경험하신 분들과 위안부 할머님들, 국군 포로 분들, 납북자 분들 등, 그 경험으로부터 여전히 벗어나지 못하신 분들이 아직 생존해 계신다. 그만큼 우리에게 역사를 돌아보는 것은 국가와 국제사회의 맥락에서 각 안건들에 접근하는 것과는 또 다른 가장 중요한 과정이다.

선대들께서 상처를 치유하실 수 있도록 함께하는 일은, 곧 우리의 상처를 치유하는 일이며, 또한 우리 자녀 세대들을 위해서 꼭 해야만 하는 일이다. 선대들이 겪으셨던 피 터지고 뼈가 깎이는 고통을 하나하나 세세히 기억하고, 그 고통 속에서도 자녀들을 위해 일구어내신 사회를 우리는 기억해야 한다. 이 과정을 통해 앞 세대분들께서 경험하셔야 했던 뼈아픈 역사가 다시는 우리와 우리의 자녀들에게 반복되지 않도록 현재와 미래를 견고히 설계해나가야 한다.

우리는 살아간다. 조금 더 행복한 삶을 살아가기 위해 노력한다. 이를 위해 기쁨, 슬픔, 아픔, 행복처럼 국가와 국제관계가 소용돌이치는 거시적인 맥락 속에서 사람들은 어떠한 감정을 느끼고 살아왔는지를 우리는 듣고 배워왔다. 거기에서 더 나아가 어떠한 시행착오를 반복하지 말아야 하는지, 어떻게 해야 긍정적인 방향으로 사회를 이끌어 나갈 수 있는지 모두가 함께 고민해야 한다. 그렇게 역사는 흐른다.

근 100년의 뼈아픈 역사를 몸소 경험하셨던 분들께서 이제 청년들에게 의지하시기 시작하셨다. 세월이 흐르고 이제 사회의 원동력이 될 2030 세대들이 성장하며, 사회 속에서 자신들의 자리를 찾아가고 있다. 물론 현실적으로 힘든 시기에 쉽지 않은 과정이다. 그래도 그 속에서 한 줄기의 빛을 찾아내기 위해 모두가 노력하고 있음을 애써 말하지 않아도 동료 청년들은 알고 있다.

필자 역시 격동의 남북관계 속 기나긴 한반도의 여정에 몸을 담은 한 사람으로서 동료 청년들에게 힘을 보태고자 한다. 글이 큰 힘을 가지고 있다는 것을 역사를 공부하면서 깨달을 수 있었다. 좋은 글과 나쁜 글의 판단과 무관하게, 단 한 명일지라도, 그 글을 읽은 독자가 긍정적인 영향을 받았다고 스스로 느끼고 생각한다면 그 글은 좋은 글이라고 생각한다. 그 긍정적 영향력을 통해 독자들의 삶이 긍정적인 방향으로 변화하거나, 꿈꾸던 바를 실천할 수 있도록 원동력이 되어 준다는 것이 곧 글의 힘이라고 생각한다. 필자 역시도 많은 분들께서 글을 통해 전달해 주신 긍정적 영향에 힘을 빌려 한반도의 현재와 미래에 자그마한 보탬이라도 될 수 있도록 동료들과 함께 조금 더 앞으로 나아가보고자 한다.

필자의 부족한 글들을 읽고 마음을 함께해 준 청년 동료들과 한반도청년미래포럼 '두빛나래'를 시작하게 되었다. '두빛나래'는 순우리말로 '빛나는 두 개의 날개'라는 뜻을 품고 있다. '먼저 온 통일'이라고 불리는 북한이탈주민 2030 세대 분들과 한국의 청년들이 함께 양 날개가 되어, 남북의 경계를 넘어서 '하나의 한반도' 속에 존재하는 다양한 사회 안건들에 대해 논하는 것, 그리고 남북의 청년들이 하나가 되어 '한국 고유의 멋'을 국제사회에 알리는 것이 본 포럼의 설립 취지이자 목표이다.

이전 세대분들의 사회를 위한 노력들과 시행착오들을 기반으로, 기존의 사화의 틀에서 한 걸음 더 나아가고자 청년들이 함께 모여 구안해 낸 새 접근방식이다. 이처럼 청년들은 힘든 현실 속에서도 사회 곳곳에서 늘 조금 더 옳고 발전된 사회를 만들기 위해 스스로 노력하고 있다. 이러한 청년들에게 힘든 현실에 대한 외침을 넘어서서, 사회에 존재하는 많은 틀에 얽매이지 않고 조금 더 자유롭고 긍정적인 메시지들을 전달하고 싶다.

한 해가 끝나가고 새해가 다가오고 있다. 향후 한반도 내외의 안건들에 큰 변화를 일으킬 대선이 내년 상반기에 있다. 어느 후보분께서 대통령이 되셔서 나라를 이끌어가실지 모르지만, 새 대통령께서는 한반도의 역사와 현재, 그리고 청년들과 사회구성원분들의 노력을 기억하셔서 끝없는 정쟁의 틀에서 벗어나 우리 후손들의 미래를 생각하여 국정 운영을 해나가 주시기를 간곡히 부탁드리는 바이다.

2030은 대선후보들에게 무엇을 원하나

2022. 1. 5. 디지털 타임스 기고문

대한민국 대통령을 선출하는 선거가 두 달 남았다. 폭풍처럼 휘몰아치는 대선 국면에 국민들의 관심이 집중돼 있다. 지지율 그래프와 함께 2030 세대가 대선의 결과를 좌우할 것이라는 전문가들의 평가가 뉴스 헤드라인으로 나오고 있다. 사회적 무관심을 키워드로 지니고 있던 2030 세대가 이제는 선거의 결과를 좌우하는 유권자 집단 중 하나가 됐다.

필자는 최대한 많은 2030 세대 동료 청년들과 만나 사회적 안건들에 대해 각자 생각들을 듣기 위해 세미나, 콘퍼런스 등 서로의 다양한 의견들을 존중과 배려 속에서 공유할 수 있는 '공론의 장'을 형성하려고 노력해왔다. 그렇게 사회적 안건에 관심을 둔 청년들은 한국 사회에서 말하는 소위 '정치 성향'이라고 불리는 틀에서 벗어나 자신의 의견을 허심탄회하게 공유하려고 했다.

다양한 경험과 생각을 가진 다양한 분야의 청년들과 국가의 행보에 대한 최종 결정 권한을 지니고 있는 '정치'에 대해 논하다 보면 항상 유사한 맥락의 질문들이 공론화됐다. 그 질문은 "과연 진보와 보수는 무엇일까?"였다. 필자와 동료들은 '보수'와 '진보'라는 개념의 시작과 역사에 대해 공부하기 위해 노력했다. 워낙 방대한 내용이기에 쉽지 않았지만 적어도 현재 한국 사회 내에 존재하는 보수와 진보의 개념에 대해서 돌아볼 수 있었기에 모두가 값진 시간이었다고 생각했다. 한국 사회 내에서 서로가 서로에게 부여하는 진보와 보수의 개념이 과연 무엇인지, 그리고 그러한 틀이 사회에 어떻게 작용하는지에 대해서도 지속적으로 논의했다. 논의의 끝에 청년들이 공통적으로 염원하는 것이 무엇인지 모두가 함께 깨달을 수 있었다.

현재 대한민국은 사회 문제에 대한 여론의 극단적 양극화로 사회가 심각한 진통을 겪고 있다. 양극화 현상을 어떻게 풀어 나갈지에 대해 다수의 청년들이 머리를 맞대고 고민하고 있다. 1차적으로는 학교에서 책으로 공부할 때는 너무도 당연하다고 생각했던 존중, 배려와 같은 가장 기초적인 요소들이 사회에서 오작동하거나 결핍돼 있다는 것을 알 수 있었다. 나아가 약 5000만 국민들의 민생을 설계하는 가장 중요한 요소인 국가의 '정책'이 여론의 양극화와 그 양극화에서 파생되어 나타나는 부정적인 현상들로 인해 국민들의 관념 속에서 멀어지고 있다. 갈등은 사회 내 집단들과 개개인들의 감정 다툼으로 변질되어 심각한 2차 부작용을 일으키고 있다는 것 역시 인지하고 예방해야 한다는 것을 알 수 있었다.

양극화로 인해 합리성과 객관성을 잃고 소모적 대립으로 이어지는 악순환을 청년들은 더 이상 지속하고 싶어하지 않는다. 청년들은 특정 인사의 영입이 아닌, 각 안건들에 대한 세부적이고 전문적인 분석이 기반이 된 정책의 구축을 보고 유권자로서의 역할을 다할 것이다. 사회에 악영향을 생성해 내던 요소들로부터 탈피하여 합리성, 전문성, 객관성을 기반으로 한 정책의 설립과 실행을 통해 국가의 발전을 이룩해 낼 수 있다고 판단되는 후보를 대통령으로 선출하기 위해 투표할 것이다.

남북관계 역시 본 맥락과 동일선상에 있다. 다수의 청년들은 남북관계에 있어 국가는 국민, 가족, 동료들을 지키기 위해 순국한 장병들에게 정당한 예우를 갖추며 본질적인 평화를 위한 동등한 위치에서의 협상의 문은 열어 놓되, 국가의 존속과 국민들의 안위를 지키기 위한 국방과 안보는 탄탄히 하는 것이 가장 기초적이면서도 중요한 기반이라고 생각한다.

기존 존재했던 남북과 관련된 여러 갈등으로 인해 국민들은 피눈물을 흘리고 상처받아야 했다. 청년들은 그 틀을 깨고 벗어나 실무자 분들과 전문가분들 그리고 정책결정권자 분들께서 힘을 합쳐 대한민국의 합리적인 정책안과 대응 매뉴얼들을 갖춰나가면서 본질적인 평화를 위해 노력해 나가는 국가의 모습을 바라고 있다. 이념논리에서 벗어난 객관성과 합리성을 기반으로 한 국정운영 능력을 갖춘 대통령을 청년들은 바라고 있다.

그러므로 이러한 청년들의 염원을 담아 한 명의 2030 세대 유권자로서 대통령 후보님들께 메시지를 전하고자 한다. 비록 대선까지 기간이 얼마 남지 않았지만, 소모적인 정쟁에서 벗어나 국정운영에 대한 토론과 논의, 객관성과 합리성을 기반으로 한 정책 공약 제시를 부탁드린다. 존중과 배려가 중심이 된 대한민국의 정치와 선거의 모습을, 지쳐있는 국민들께 보여 주기를 한 명의 청년으로서 간곡히 부탁한다.

선대를 기억하며 현재를 돌아본다

2022. 1. 19. 디지털 타임스 기고문

한반도의 청년들이 함께 한반도의 대내·외 안건들에 대해 고찰하여 청년 어젠다를 형성해는 일을 진행 중인 한반도청년미래포럼에서는 현재, 어젠다 형성을 위한 정기 세미나를 기획 중이다. 한반도를 중심 주제로 하여 다양한 전공 분야의 청년들이 모여 각자 배우고 경험하며 느꼈던 것들을 공유하고 서로의 생각을 교환하는 자리를 만들기 위함이다.

한반도의 현재를 돌아보기 위해서는 한반도의 과거를 돌아봐야 한다. 현재의 한일관계와 남북관계를 논하기 위해서는 조선의 사회구조와 대한제국 말기부터 일제강점기 그리고 분단과 전쟁, 더 나아가 한반도의 현대사의 맥락을 인지하고 있어야만 그 주춧돌이 마련되는 셈이다.

이 사건들은 역사 교과서와 역사책 속에서 배워온 '역사'라는 범주에 속해 있어 먼 과거처럼 느껴질 수 있지만 조금만 가까이 다가

가서 보면 너무도 가까운 '조금 멀리 있는 현재'인 것을 알 수 있다.

대한제국이 일제에게 외교권을 박탈당한 사건인 을사늑약(1905년)은 현재 2022년으로부터 117년 전의 일이다. 국권이 강제 침탈되어 일제의 식민지배 하에 들어간 사건인 한일병합(1910년)은 112년 전의 일이다. 이 다시는 반복되어서는 안 되는 비통하고 뼈아픈 사건들은 모두 약 100년 전에 일어났다. 약 100년이라는 시간은 어떻게 바라보는지에 따라 길어 보일 수도, 짧아 보일 수도 있다.

역사라는 긴 맥락 속에서 약 100년이라는 시간은 너무 짧은 한 구간에 속한다. 우리는 살아가는 현재로부터 국운을 뒤바꾼 두 개의 큰 사건들은 약 100년 전에 일어났다. 현 2030 세대들의 조부모님, 증조부모님, 고조부모님들께서 모두 직간접적으로 겪으셔야 했던 사건들이다. 이처럼 미시적인 관점을 통해 들여다본 일제강점기와 그 후의 역사들은 그 어느 역사보다 우리와 가까우며, 현재에도 우리에게도 그 흐름은 끊어지지 않은 채 한일관계와 남북관계라는 맥락으로서 흐르고 있다.

자연스레 국가의 역사, 정치의 역사, 외교의 역사를 넘어서서 소용돌이가 휘몰아치던 시대 속에서 삶을 꾸려 나가야 했던 우리의 조상들은 어떠한 감정을 느끼며, 어떠한 생각을 하시며 살아가셨을지를 생각해보게 되었다. 우리가 사회에서 일반적으로 '역사'로 인식하고 접하는 것들은 보통 거시적 관점에서 과거를 바라본 국가 단위의 역사나 정치사, 외교사이다. 하지만 한 시대 속에서 삶을 살아가야 했던 개인, 혹은 '사람들'의 삶을 들여다보면 완전히 다른 맥락의 부분들을 접하게 된다.

일제강점기는 '근대'의 시대였다. 사람들은 가장 1차적으로 '근대'라는 것을 신문물을 통해 접했다. 현재 신세계 백화점 본점이자, 일제 시기 미쓰코시 백화점이었던 그 위치에서부터 충무로 사이의 거리는 '진고개'라고 불렸다. 진고개는 쉽게 말해 당시의 신문물들이 모두 모여있는 곳이었다. 길 좌우로 늘어선 상점들이 늘어서 있었다. 진열창에는 모두 새로운 값지고 찬란해 보이는 물품들이 사람들의 관심을 사로잡았다고 한다. 서양인 옷을 입은 사람들이 돌아다니고, 커피 냄새가 길가에 진동하며, 전기가 들어와 불이 밝혀진 진고개의 풍경은 이전에는 경험해 본 적 없는 새롭고 신비로운 곳이었다고 한다.

이러한 전기, 가로등과 같은 신문물과 근대의 산물들은 대부분 재조선 일본인 거주지역에 건설되거나 도입되었다고 한다. 당연히 조선인 거주지역과는 발전의 격차가 컸고 조선인들이 느껴야 했을 괴리감과 심적 무기력감은 그 어느 때보다 컸다고 한다.

또한 '근대성'은 조선 사람들의 시간 단위 속으로도 침투했다. 전차와 버스의 도입은 이동 반경과 시간 단위에 변화를 일으켰다. 사회가 근대의 시간 단위에 맞춰 돌아가기에 어쩔 수 없이 자신을 그 시간 단위 속으로 던져 넣어야 했던 조선인들은 설움을 느껴야 했다. 또한 교통을 비롯한 신문물 속에 존재하던 조선인들에 대한 차별은 조선인들에게 근대와 식민 지배 사이에서 더 크나큰 괴리를 느끼게 하고 심리적 압박감을 주었다.

이렇게 조선 사람들은 근대성과 접촉하게 되었다. '인간'은 어두움에 두려움을 느껴 밝은 곳을 찾는 것이 본능이며, 지금 우리와 같이 당시의 우리 조상들도 예쁜 것, 화려한 것, 새로운 것에 눈이 갔을 것이다. 하지만 식민지배 하에 이루어진 근대의 접촉은 조선인들에게는 너무도 뼈아픈 경험이었고, 현실이었다.

얼마 전, 일제의 국권 침탈과 식민 지배를 막기 위한 청년들의 이야기를 다룬 드라마 '미스터 션샤인'을 다시 보게 되었다. 두 명의 여주인공들과 세 명의 남자 주인공들은 모두 각자의 위치에서 총과 칼 혹은 카메라와 펜으로 옳지 않은 현실을 돌파해내기 위해 노력했다. 그렇게 조상들은 남녀노소 가리지 않고 옳지 않은 것과 싸우기 위해 각자의 방식으로 저항했다.

여전히 기억에 선명하다. 2010년 일본 사이타마 스타디움에서 열린 축구 국가대표팀 월드컵 출정식, 한일전에서 터진 박지성 선수의 골과 산책 세러머니, 벤쿠버 올림픽 김연아 선수의 금메달 장면을 보면서 생각했었다. '경술국치'가 일어난 지 100년 만에 태극기를 몸에 새긴 청년들이 우뚝 솟아올랐다. 스포츠정신에 정치적 의미나 대립의 의미를 부여하고 싶지는 않다. 다만 올바름을 위해 투쟁하셨던 100년 전 조상들은 이러한 순간이 올 것이라 생각하셨을지, 그리고 이 장면을 보시면서 어떤 생각을 하셨을지, 돌아보게 되었다.

이제 곧 대선이다. 국민들을 대표하여 국가를 이끌어갈 대통령이 새로 선출된다. 국권 침탈과 함께 수많은 만행을 범한 일제가 잘못했다는 것은 명백한 사실이지만, 우리의 입장에서 기억해야 할 교훈 또한 뚜렷하다. 국가 지도부의 나약함에서 발생한 침울한 사건들 때문에 얼마나 많은 국민들이 수많은 고통을 참아내야 했는지를 우리는 뼛속 깊이 새겨야 한다.

국민들은 이러한 일이 다시는 반복되어 일어나지 않기 위해 지도부의 국정운영에 귀를 기울이며 국가 지도부가 올바른 길을 갈 수 있도록 목소리를 높이고 투표해야 할 것이다. 조선의 청년들처럼 매 시기 한반도의 청년들은 역경을 이겨내기 위해 노력했고 지금까지 달려왔다. 2022년의 청년들 또한 그 역사와 함께 할 것이다.

청년들이 새 대통령에게 바라는 것

2022. 2. 13. 디지털 타임스 기고문

북한 황해도가 강 건너 보이는 애기봉 평화생태공원을 친우들과 함께 방문했다. 책과 사진을 제외하고 유일하게 북한을 눈으로 볼 수 있는 곳은 각 전방지역 전망대뿐이기에 친우들과 함께 자주 방문하고는 한다. 물론 전방지역에서 우리 눈에 보이는 것이 진실된 북한 주민들의 삶의 모습이라고 볼 수 있을지는 미지수이다. 선전마을과 위장 건물들이 곳곳에 건설되어 남측에 보이기 위해 만들어진 모습들이 다수 있기 때문이다. 소위 북한에서는 '앞 지대'라고 불리는 지역은 그런 곳이었다.

그럼에도 불구하고 망원경으로 보면 농사를 짓는 사람들, 자전거를 타고 어딘가를 향해 가는 사람들, 달리는 차가 보인다. 한국의 서쪽 지역에서 보이는 북한의 모습은 황해남도와 북도의 모습이다. 서쪽 지역에서 보이는 예성강이 흐르는 연백평야는 산지가 많은 북한에서 가장 중요한 곡창지대 중 한 곳이라 그런지 이렇게 사람들의 모습이 자주 보이고는 한다. 그렇게 다시 한번 북쪽을 내려다보며 대선이 끝나고 새로운 남북관계가 어떠한 국면으로 조성될지, 현재와는 조금 다른 긍정적 변화가 있기를 기원하는 마음으로 답사를 다녀왔다.

이제 20여일 후면 새 대통령이 선출된다. 우리는 늘 그랬듯이 새로운 조금 더 긍정적 발전을 이룬 남북관계의 국면을 기대한다. 하지만 다시 한번 북한은 미사일을 쏘아 올리고 코로나 국면은 더욱 악화되고 있어 당장은 큰 기대를 하기 힘들어 보이는 듯 하다. 그럼에도 불구하고 미래의 한반도를 위해 공부하고 함께 꿈을 키우는 동료 청년들과 염원했던 남북관계에 대해 새 대통령님께 말씀드려보고자 한다.

청년들은 아직 전문가의 자격도, 오랜 기간 한 분야에서 실무를 수행해온 실무자의 능력도 갖추고 있지 않다. 하지만 그럼에도 불구하고 동등한 유권자의 입장에서 양극화 현상으로 인해 지켜지지 않았던, 동료 청년들과 함께 변화가 필요하다고 논의했던 요소들에 대해 말씀드려보고자 한다.

첫 번째는 일관성 있는 대북정책의 설계다. 대한민국은 하나의 국가이다. 정부 교체에 따른 대북정책의 극명한 전환과 국면의 변화가 과연 남북관계의 발전에 긍정적인 영향으로 작용했는지 국민들은 의문을 품고 있는 듯 하다. 정부 교체와 함께 다시 한번 비핵화 과정에 대한 논의와 북한 인권에 대한 대한민국의 입장이 국제사회로부터 주목을 받게 될 것이다. 하나의 국가로서, 초당적인 대북정책 및 향후 남북관계 발전을 위한 장기적인 계획을 수립하는 과정이 필요하다고 본다. 현존하는 남북문제에 대한 소위 '남남갈등'이라고 불리는 국가 내의 갈등들을 해소하고 건강한 남북관계를 준비하는 하나의 대한민국이 될 수 있도록 노력해 주시기를 바란다.

두 번째는 가족들과 동료들 그리고 국가를 위해 순국한 장병들에 대한 국가 차원의 예의를 예외 없이 갖춰주셨으면 한다. 대외 정세와 관계는 국가의 존속과 국민들의 안위와 직결되는 안보와 국방과는 별개의 안건이다. 그 중심에서 우리를 지키기 위해 서 있는 장병들에게 국가와 국민들은 그 노고에 감사하며, 또한 그 과정에서 순국한 분들께는 국가 차원의 예우를 갖추는 것이 국가로서 행해야 할 너무도 당연한 의무이다. 이 안건과 관련해서는 그 어느 요소도 개입되어서는 안 되는 온전한 국가 내부의 사안이며, 국민과 국가를 보호해야 하는 국가의 입장에서, 이는 국가로서 갖춰야 할 가장 기초적인 자세이다.

세 번째는 인도적 지원에 대한 논의다. 전문가들과 실무자들께 인도적 차원의 대북지원에 대해서 많은 이야기를 들을 수 있었다. 지원을 반대하는 것이 아니다. 국제적 차원의 인도적 지원과 원조의 개념에 따라 북한 내의 취약계층에게 지원이 명확하게 전달되거나 지원물자가 사용이 되는지, 모니터링이 제대로 이루어지지 못하고 있다고 들었다. 대북지원 물자가 어떻게 사용되는지에 대한 의문은 늘 대한민국 국민들 전체가 주목하는 안건이었으나 이를 자세히 알 수 있을 만한 자료도, 정부의 발표도 찾기가 힘들었다는 것이 대다수의 생각이다. 물론 북한 정권의 특이성 때문에 많은 난관들이 존재한다고 들었다. 그렇지만 이러한 세부적인 부분이 보완돼야만 본질적으로 긍정적인 남북관계의 개선이 이루어지리라 청년들은 믿고 있다.

다음은 인권과 직결된 사안이다. 대한민국 국민인 북한이탈주민에 대한 부정적이고 이례적인 사건이 발생하지 않도록 국가가 노력해 주기를 바란다. 기존에 있었던 남북 간의 불미스러운 사건들로 인해 북한이탈국민들은 피눈물을 흘려야 했다. 특히 국민의 생명과 직결되는 사안에 있어서는 더욱이 국가는 양보할 수 없는 확고한 입장을 보여야 한다.

마지막으로 국가의 차원에서 일관성을 기반으로 한 청년 세대와 그 다음 세대를 위한 장기적인 통일 준비를 해주실 것을 간청 드린다. "당장 통일을 해야 한다" 혹은 "통일을 하지 말아야 한다"는 식의 이분법적 질문은 현재 한반도의 상황을 고려했을 때 알맞은 질문이라고 생각하지 않는다. 남북관계의 정세 변화, 대북 정책과 무관하게 국가 차원의 안정적인 통일 인재 양성과 한반도 청년들의 동질감 형성을 위한 플랫폼 조성이 필요하다.

객관적이고 합리성이 기반이 된 장기적 통일준비를 이룩해 내려면 일관된 정부 지원도 필요하다는 목소리도 꾸준히 나오고 있다. 향후 남북관계를 고려했을 때 급변사태를 대비함과 동시에 교류와 관계 발전, 장기적으로 통일을 준비하고 있다면 중장기적인 통일 인재 양성 및 통일준비는 필수적 요소다. 이에 국가가 직접 나서서 중심이 되어 국제사회의 한반도 전문가들과 협력하여 이념의 틀을 넘어선 객관성을 기반으로 한 통일인재 양성, 교류, 교육기관 및 한반도 청년 연합 플랫폼 설립이 필요하다.

언급한 문제들은 한반도청년미래포럼에서 함께 논의한 사안들이다. 전체 청년들의 의견이라고 말하기는 어렵지만, 이는 적어도 보수와 진보, 좌와 우의 어느 한쪽의 틀 속에 갇힌 어젠다가 아닌, 하나의 국가 속에서 청년 세대와 그 다음 자녀 세대들을 생각했을 때 보완되었으면 하는 사안들을 전달하기 위해 청년들이 함께 논의한 안건들이다. 다음 대통령께 간곡히 부탁드리는 한반도 청년들의 메시지이다.

우크라 교훈, 평화는 구호로 못 만든다

2022. 3. 14. 디지털 타임스 기고문

러시아의 우크라이나 침공으로 그렇게 전쟁은 시작되고야 말았다. 이제 핵과 관련된 이야기까지 나오고 있다. 우크라이나 시민들이 SNS를 통해 전파하고 있는 러시아군의 미사일이 날아와 폭발하는 영상들이 전 세계로 전파되고 있다. 이에 전 세계 사람들, 러시아 국민들까지 나서서 전쟁 반대를 외치고 있다.

세계가 함께 움직이고 있다. 메타와 구글과 같은 빅테크들도 반전 운동에 동참하고 있다. 메타는 러시아 국영 언론 광고 영리 행위를 금지시켰으며, 구글 또한 러시아군이 악용할 여지가 있는 구글맵 실시간 정보를 차단하기 시작했다. 일론 머스크는 스타링크 서비스를 개시하여 러시아 침공으로 불안정한 인터넷 상황을 지원하기 시작했다.

이러한 양상들은 고도화된 기술 속 현대전의 새로운 면을 보여줌과 동시에 국가를 넘어서서 세계 사람들과 기업들이 하나가 되어 평화를 외치고 이룩하기 위해 힘을 모으는 모습이 나타나고 있음을 보여 주는 것이다.

전쟁은 인류의 역사에서 빠질 수 없는 항목이 되었다. 그만큼 인류는 수많은 전쟁들을 겪어야 했고 수많은 상처와 상처 회복 속 시행착오와 교훈을 남겼다. 하지만 지구 어딘가에서는 지금도 전쟁이 동반하는 폭력과 그 외의 만행들이 일어나고 있다.

우크라이나와 러시아 사태를 보면서 동료 남북 청년들과 이러한 생각들을 공유했다. 핵 이야기까지 나오는 것을 보고 새삼 남의 일 같지 않다는 생각을 모두가 하고 있었다. 한마음 한뜻으로 전쟁의 모습을 숨죽여 지켜보고 있었다. 전쟁이라는 측면에서 한반도에 유사한 사태가 발생했을 시에 어떠한 일들이 일어나게 될지, 세계는 어떻게 반응하는지를 각자 나름대로 상상하고 있었다. 그렇게 청년들은 현재 우크라이나와 러시아의 모습을 하나라도 놓치지 않고 기억하기 위해 노력하고 있었다.

그동안 한반도의 청년들이 함께 모여, 선대들이 겪어야 했던 전쟁과 그로 인해 입어야 했던, 현재까지 남아있는 상처를 치유하기 위해 논의를 해왔던 과정 때문일까, 한반도의 청년들은 모두 전쟁이 주는 공포와 상처에 대해 마음속 깊이 느끼고 있었다. 우크라이나 사태는 한반도의 청년들, 더 나아가 전 세계 사람들에게 전쟁이 절대 일어나서는 안 되는 일이라는 것을 보여 주고 있고, 이는 사람들의 마음을 움직이고 행동하게 하고 있다.

1900년대 인류는 두 번의 세계대전을 경험했고, 한반도는 끔찍한 동족상잔의 비극을 경험했다. 그 경험들을 역사로서 배운 현재를 살아가고 있는 많은 이들 속에 그 교훈이 점점 더 뼛속 깊이 자리 잡아가고 있는 듯하다.

전쟁 무기의 기술 고도화에 따른 살상 능력의 효율적 증가와 이로 인해 더욱 참혹해진 전쟁, 극대화된 죽음에 대한 공포감, 기술 발전으로 인한 SNS의 활성화에 따른 끔찍한 전쟁 모습의 신속한 전파가 결합되어 인류 전체가 전쟁을 반대하고 평화를 향해 나아가는 모습을 보이고 있다. 더 많은 이들이 날이 갈수록 함께 연대하고 있다.

참혹한 현대 인류 전쟁사의 길목에서, 인류가 평화를 향한 역사적 한 걸음을 나아갔다는 평가를 받을 수 있도록 전쟁이 하루라도 빨리 마무리되어 무고한 희생들이 최소화되었으면 하는 바람이다.

우리는 지금 전쟁의 참혹함을 현실에서 두 눈과 귀로 경험하고 있다. 그리고 우리는 국제사회에서 가장 장기간 긴장 상태로 머물러 있는 분단국가에서 살고 있다. 전쟁은 직접 경험을 하기 전까지는 느낄 수 없는 크나큰 공포감과 치유될 수 없는 물리적·정신적·집단적 상처를 남긴다는 것을 우리는 잊어서는 안 된다.

현 2030 세대 남북 청년들의 앞세대는 70년 전 전쟁이 주는 모든 참혹한 요소들의 가장 극단적인 상처들을 모두 정면으로 맞아야 했다. 그리고 우리 세대 역시 포탄 소리와 희생되는 동료들, 총알이 날아가는 모습을 보고 들으며 한반도에서 자라야 했다.

세대에 걸친 경험들을 통해 우리는 평화를 위해서 냉정해질 필요가 있다. 우리가 평화를 외치고 평화를 위해 독자적인 행보를 걷는다고 해서 평화가 찾아오는 것이 아니라는 것을 이미 지난 70년간 뼈아프게 경험했다. 우리는 가족과 동료를 잃어야 했고 이러한 일들이 반복되어서는 안 된다고 수많은 노력을 해왔으나, 결국 유사한 일들이 되풀이되고는 했다.

평화는 평화를 목표할수록 현실적이고 냉정하게 바라보아야 한다. 안보와 국방을 튼튼하게 함과 동시에 평화를 위한 국제사회와의 연대를 꾸준히 쌓아나가는 것, 역사를 기억하고 우리의 자녀 세대가 살아갈 세상을 그려보는 것이 우리가 할 수 있는 가장 중요한 평화를 위한 길이다.

인류의 역사는 그 결말을 감히 예측할 수 없다. 총알 한 발로 전 세계의 역사가 뒤바뀐 경험도 했고 수많은 역사가 너무도 많은 변수들에 의해 뒤바뀌어 버렸다. 하지만 희망 또한 놓아서는 안 된다. 인류에게 전쟁에 대한 의식혁명이 일어나 전쟁을 멈추고 평화의 시대에 언제 도달할지는 모르나, 그 줄을 끝까지 잡고 지금처럼 노력해야 한다. 그것이 곧 남북 2030 세대, 한반도 청년들의 사명이며 인류 전체의 사명임을 마음속 깊이 간직해야 한다.

| 출처 |

칼럼 출처: 매일경제 신문사 (https://www.mk.co.kr/)

칼럼 출처: 디지털 타임스 (http://www.dt.co.kr/)

사진 출처: 안민정책포럼 (http://thinknet.or.kr/)

북한 내 인권침해 케이스 출처: NKDB 북한인권정보센터 비쥬얼 아틀라스 中

(http://www.visualatlas.org/)

영화 대사 출처: 고지전(2011) 中, 감독 장훈, 배급 ㈜쇼박스

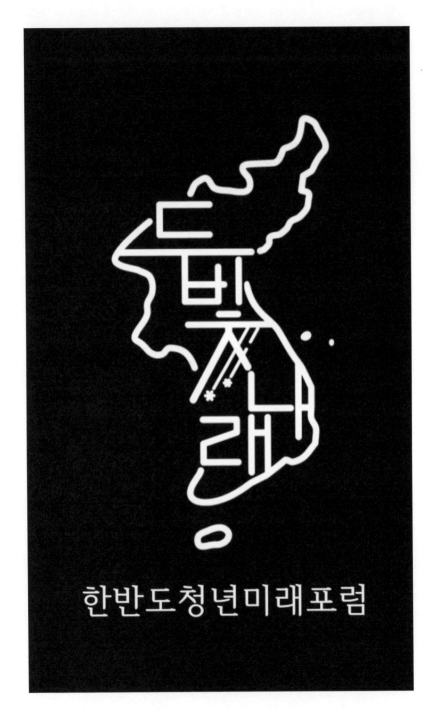

2030 세대 역사학도 청년이 염원하는 남북관계와 한반도의 미래

한반도청년미래포럼 두빛나래

한반도청년미래포럼은

한반도의 청년들이 함께 남북의 경계를 넘어서서

하나의 한반도 내에 존재하는

사회 안건들에 대한 청년 어젠다를 형성,

사회에 전달하기 위한

청년 리더 양성 포럼입니다.

한반도청년미래포럼은 정치·경제·사회·문화·과학·예술·인문·외교·통일 그 외 사회적 키워드로 떠오른 안건들에 대해 한반도 청년들이 함께 논하고, 실무자, 전문가분들의 자문을 거쳐 한반도 사회에 2030 세대 청년 어젠다를 제시·전달하는 과정을 진행하고 있습니다.

많은 것들을 가르쳐주시고 자문해 주신 안민정책포럼 구성원분들과 한반도와 2030 세대의 현재와 미래에 대해 함께 논의 해주고 목소리를 모아준 한반도청년미래포럼 동료들에게 감사의 말씀 올리고 싶습니다.

2030 세대 역사학도 청년이 염원하는 남북관계와 한반도의 미래

초판발행	2022년 4월 15일
지은이	박준규
펴낸이	안종만 · 안상준
편 집	정은희
기획/마케팅	장규식
표지디자인	이영경
제 작	고철민 · 조영환
펴낸곳	(주) **박영시**
	서울특별시 금천구 가산디지털2로 53, 210호(가산동, 한라시그마밸리)
	등록 1959.3.11. 제300-1959-1호(倫)
전 화	02) 733-6771
fax	02) 736-4818
e-mail	pys@pybook.co.kr
homepage	www.pybook.co.kr
ISBN	979-11-303-1550-8 93340

정 가   16,000원